Gewidmet in Staunen und Bewunderung
den Altonaern in gemeinsamer Erinnerung an den Herbst 2010
und die Rettung das Altonaer Museums

Torkild Hinrichsen

Auf dänischen Spuren
in der alten Stadt Altona

Husum

*Das Altonaer
Stadtwappen.
Goldprägung auf
Bucheinband, 1914*

Sehr lebendige Spuren einer gewesenen Stadt

Vor 350 Jahren, im Sommer 1664, verlieh der dänische König dem Flecken Altona die Rechte einer Stadt, die bald zur zweitgrößten des Gesamtstaates sich entwickeln sollte. Mit ihrer besonderen Lage und den Privilegien wurde sie eine Stadt wie kaum eine andere: Drehscheibe zwischen Süden und Norden, Ausguck-Fenster Dänemarks, ja der nordischen Länder nach Europa und vom Süden her das Tor zum Norden. Dabei hatte diese Stadt durchaus nicht ein solches Äußeres, wie es damals jede richtige Stadt aufzuweisen hatte: keine Mauern, keine Gräben, keine wehrhaften Schanzen oder Türme. Diese Siedlung war eine militärisch „offene" Stadt, ohne jede Möglichkeit zu Angriff oder Verteidigung, und dies in unmittelbarer, ja, sich aufdrängender Nachbarschaft zu Hamburg, das als größte und sicherste Festung Europas gelten konnte, jedenfalls was solche Äußerlichkeiten betraf, ein deutliches Zeichen, was Geld alles vermag. Und während die Hamburger Bürger in ihrer Burg sich gewissermaßen abschotteten und Fremde nur ungern hineinließen, entwickelte sich als Gegenprogramm in Altona eine Gemeinschaft unterschiedlichster zugewanderter Nationen und ein friedliches Nebeneinander vieler Glaubensgemeinschaften. Gerade diese als Toleranz verpackte wirtschaftliche Vernunft begründete die Stärke und Eigenheit Altonas, machte diesen vorbildlichen Ort in Europa bekannt und zu etwas Besonderem, ein Geist des Miteinanders, der heute noch spürbar ist, wie der Nukleus eines gemeinsamen Europa, um dessen Entstehung wir uns heute bemühen. Gleichwohl ist das „offene Tor" des Stadtwappens wohl erst im Nachhinein als Illustration dieser Weltoffenheit gedeutet worden und dürfte vor allem anzeigen, dass der König als Landesherr jederzeit Zutritt habe ohne besondere Erlaubnis oder Anmeldung.

Schicksalsschläge rollten verschiedentlich über Altona hinweg, Stadtbrände und Terroreinäscherungen. Landesherrschaft wechselte, von schauenburgischer Grafschaft über das dänische Königreich zum preußischen, aber der Kern der alten Stadt behauptete sich und seine Besonderheiten als „liebe alte Stadt", wie der Altonaer Baupfleger Werner Jackstein sie genannt hat. Teile der Altstadt standen zwar seit 1924 unter Milieuschutz, aber die politische Notwendigkeit, neue, gesunde Wohnungen zu schaffen, erzwang umfassende Flächensanierungen, teilweise mit vorhergehender Freigabe als Übungsobjekte für die Reichswehr. Jackstein schaffte es noch 1938, die wichtigste Substanz in einem Notinventar aufzunehmen.

„Altenah" an der Elbe, zwischen Ottensen und Hamburg. Casper Danckwerth und Johannes Mejer: Newe Landesbeschreibung der zwey Herzogthümer Schleswich und Holstein, Husum 1652

Borstell
Fuels-büttel
Olsdorp
wessling büttel
Braem felde
Farme sen
REIN
Old
winter hüde
Steils hope
Die awe
beckstede
Eppen Dorp
Barnbeck
Hinschen felde
Todten dorp
nes büttel
harues hude
Ham burg
Jurg
Waudesbeck
Jennefelt
Barsbüttel
Oster stein beck
Schip- beck
Oyen- dorp
Turm
hamerbrock
Schloem
Steinbeck
Stein fordt
Bittenhusen
Billefl
Olden b.
Auschacht
BILLE WER DER
Radel
Reijgerstieg
Bille
Peute
Mohrenfleth
Aller moxh
Raijger Stigeslandt
Taten berg
Godse
Redt

*Van der
Smissens Allee,
Ecke Carolinen-
straße. Werner
Jackstein,
Aquarell in
„Oswald-
farben", 1934*

Das alte Altona der großen Zeit des 18. und frühen 19. Jhs. ging erst im Bombenhagel der Angriffe von 1943 unter, und was stehen geblieben war, beseitigte nach dem Krieg in völliger Umstrukturierung der Wiederaufbau des „Neuen Altona", der die charakteristische Gemeinschaft von Wohnen und Gewerbe zugunsten neuer Verkehrswege und großer Grüngürtel aufbrach.

Altona als selbstständiges Stadtgebilde gab es schon seit dem Groß-Hamburg-Gesetz von 1937 nicht mehr, nur noch den „Bezirk Altona". Aber das Kriegsende bewahrte Altona vor der zweifelhaften Ehre, Zentrum der „Gauhauptstadt Nord" zu werden, mit Speer'schem Gauhochhaus und Hochbrücke über die Elbe, die alles Amerikanische in den Schatten stellen sollten.

Ich bin in Altona aufgewachsen, in einer riesigen Etagenwohnung, die schon meine Großeltern seit 1910 be-

Lagerhaus oberhalb des Fischmarktes, 1967, kurz vor Abriss

wohnt hatten, die verbliebenen Straßen und Häuser der Altstadt in den 1950er-Jahren unser täglicher Spaziergang, und ich habe noch die vorletzten Reste des alten Altona 1966 für meine Präsentationsmappe zur Kunsthochschule zeichnen können. Die allerletzten Reste und die Spuren des Übrigen sind aber durchaus noch erspürbar, sie werden sichtbar, wenn man einige Sehhilfen erhält. Ich habe in zahlreichen Führungen die unterschiedlichsten Gruppen von Touristen, Schülern, Studenten, historischen Vereinen und Kollegen aus Deutschland und Dänemark bei der gemeinsamen Fährtensuche zum Staunen gebracht und den vielen Schatten wieder Leben einhauchen können. Genau das ist auch die Absicht dieses Bandes. Altona ist besuchenswert und bestimmt eine sinnvolle Ergänzung zum übrigen Hamburg-Programm mit Michelbesteigung, Hafenrundfahrt und eindrucksvollen Musicals wie „König der Löwen" oder „Phantom der Oper".

Das für verschwunden Gehaltene oder als unsichtbar Übersehene kann just zu dem Erlebnis werden, mit dem wir die anderen, die noch nicht da waren oder noch nicht wieder da waren, aufmerksam machen können.

Für verschwunden, ja gewissermaßen ausgestorben hielt man auch die Altonaer. Als der Hamburger Senat, im September 2010, das Altonaer Museum auflösen wollte, um Ausgaben zu reduzieren, erhoben sie sich als sehr konkrete Geister hunderttausendfach, eine Bürgerbewegung, die solche Schließung verhindern konnte, als die Regierung der Stadt sich an ihnen die politischen Zähne ausgebissen hatte, was sogar im Frühjahr darauf Neuwahlen ermöglichte.

Der Erfolg dieser Altonaer nährte sich aus dem lebendigen Schatten einer großen Tradition, dem Geist einer Stadt, in der vieles anders war als in anderen Städten, einer unzerstörbaren Aura.

Diesen beeindruckenden Bürgern, unter ihnen die „Freunde des Altonaer Museums", sei dieser Band gewidmet.

Torkild Hinrichsen, Altona im Mai 2014

„Altonaer" in ihrem Museum vor Otto Markus' „Altonia". Bürgerbewegung im
Protestherbst 2010

Ausblick von Altona zwecks Einblick

Altona erstreckt sich am südlichen Ufer des Flusses, der zuvor an Hamburg vorbeigezogen ist. So liegt Altona näher der Mündung zum Meer. Dort verband und verbindet die Elbe unsere Stadt mit der Welt und die Welt sich mit ihr. In jener Ferne lagen auch die tropischen Kolonien Dänemarks, deren Produkte über die Elbe nach Altona gelangten, um für den ganzen Norden dort veredelt und umgeschlagen zu werden. Die Elbe trennt aber auch durch ihr breites Stromtal Altona von den südlichen Gegenden, in die man weder über Brücke noch durch Tunnel gelangen konnte. Wenn Hans Christian Andersen, der viel gereiste „erste Europäer", Altona mit der Altona-Kieler Eisenbahn erreicht hatte, musste er mit dem Dampfschiff nach Harburg fahren, um dort die Postkutsche südwärts besteigen zu können. Wir stehen auf dem hohen Ufer, am Geestrand auf dem „Altonaer Balkon", im 17. und 18. Jh. noch große private

Gärten, nun seit Langem ein öffentlicher Park mit sich weit erstreckendem Panorama davor. Tief unter uns der ehemalige Altonaer Fischereihafen, der sich in preußischer Zeit zum größten des Reiches entwickeln sollte. Heute befinden sich dort die zahlreichen Fisch-Im- und Exporteure, ein neues Fähr-

Elbtal mit Gehöft auf Flussinsel. Detail aus Faber, 1846 (S.19)

Blick vom hohen Ufer, dem „Altonaer Balkon". Frühjahr 2014

terminal und der fantastische Neubau „Docklands" des persisch-hamburgi-schen Architekten Hadi Teherani, der wie ein Schiff uferbegleitend sich Rich-tung Mündung zu schieben scheint, obgleich er nicht wirklich von der Stelle kommt. An seiner linken Kantenkontur verläuft bis zur Spitze eine Treppe wie auf einer südamerikanischen Pyramide, die den oben Angekommenen einen großartigen, zunächst etwas atemlosen Rundblick auch elbabwärts bietet. Vor uns, meist in bläulichem Dunst, der Zusammenfluss zweier Stromarme, mit Containern gespickte Ufer, die futuristischen glänzenden Metalleier der ersten deutschen Fluss-Kläranlage auf dem Köhlbrand und eine wunderbar ge-schwungene Hängebrücke. Auf der glänzenden Wasserstraße schieben sich

*Altona an der Elbe. Grundplan, Ende 18. Jh.
(nach Bielfeldt, 1914)*

mächtige Schiffe vorbei, von Schlep-
pern aneinander vorbeigezerrt, sehr
eng und so unzeitgemäß schmal das
Ganze, dass uns beim Hinschauen der
Atem stockt. Weit dahinter ein ferner
schwärzlicher Streifen über dem Horizont, die „Harburger Berge", nämlich
das südliche Hochufer dieses alten Ur-
stromtales, das der Eiszeit geschuldet
ist. Jene „Berge" entsprechen in ihrer
Dimension natürlich auch nur der
diesseitigen hohen Kante in Altona,
an der wir selbst staunend stehen.

*Blick vom Altonaer Balkon auf
Elbinsel Köhlbrand mit Flusskläranlage
und Hängebrücke. Am Horizont
die Harburger Berge. Frühjahr 2014*

Anfänge und Geschichte Altonas

Gründungsdaten von Städten, Häfen und anderem, die sich in regelmäßigen Abständen als „Jubiläum" in Erinnerung bringen lassen, beziehen sich meist auf die sogenannte erste urkundliche Erwähnung, kurzum auf ein amtliches Schriftstück, oft aus gänzlich anderem Zusammenhang, worin der Name zum ersten Mal schriftlich auftaucht. Da aber zu allen Zeiten Akten ein ähnliches Schicksal haben, nämlich zu viel zu werden, verbrennen zu können, sonstwie zu verschwinden oder verloren zu gehen, bleibt in solchem Roulettespiel historischer Daten oft nur weniges über, deren Ältestes dann als „Gründungsdatum" herhalten muss. Diese offizielle Geschichte Altonas beginnt mit dem Jahr 1535. Aber außerhalb der Stadtmauern Hamburgs, zum holsteinischen Dorf Ottensen hin, hatte es schon lange zuvor eine Siedlung gegeben, Häuser, die sich um einen Meierhof scharten, der 1246 in das Kloster Herwardeshude einbezogen wurde, gelegen am Südhang des sogenannten Hamburger Berges an der Pepermölenbek, einem Bächlein, das schließlich die Grenze Altonas nach Hamburg bilden sollte.

Die Gründungsgeschichte Altonas ist freilich eine andere, nämlich diese: Die ersten Siedler waren Fischer. Zuvor hatten sie auf den Inseln im Elbtal gewohnt, die heute mit Containern und Hafengerätschaften vollgestellt sind. Diese Insulaner waren gewissermaßen amphibische Wesen und arbeiteten ähnlich wie die Bewohner der kleineren Inseln Dänemarks. Die Männer fischten und die Frauen bewirtschafteten die bescheidenen landwirtschaftlich nutzbaren Flächen. Die häufigen Überflutungen ihrer Wohn- und Arbeitsstätten im Elbtal ließen jedoch manche von ihnen am nördlichen Ufer Zuflucht und neue Heimat suchen, dort, wo der Geesthang sich zu einem guten Anlandeplatz seichter absenkt, beim späteren „Fischmarkt", heute der Attraktion am frühen Sonntagmorgen zwischen 6 Uhr und dem Kirchgang um 10. Einer dieser Fischer lässt sich tatsächlich namentlich benennen. Joachim von der Lohe gilt allgemein und erfolglos widersprochen als der erste Altonaer. Sein Enkel Peter berichtet 1601 an den damaligen Landesherrn, den Schauenburger Grafen Ernst: Sein Großvater Joachim habe, nachdem er auf der Insel Grevenhofe sein Anwesen in einer großen Wasserflut verloren habe, 1536 bei der Pepermölenbek ein

Das Elbtal vom hohen Geestufer nach Norden. Gemälde von J. J. Faber, 1846

Eine Flugschrift zur Einweihung der Hauptkirche 1743 geht im 5. Vers auf die Deutung des Stadtnamens ein:

> *Du erstes Altona, man sagt,*
> *daß Fischerhütten*
> *Die ersten Häuser sind;*
> *Man liest, daß in der Mitten*
> *Die Au geflossen sey, die*
> *Deinen Nahmen führt:*
> *So ists, wenn man genau*
> *Nach deinem Ursprung spürt.*
> *Man nennt Dich Altenau, den*
> *Anfang anzuzeigen,*
> *Man nennt Dich Altona, das*
> *Macht dein Hohes Steigen …*

(Der Name Altona sei erst unter Christian IV. aufgekommen: „Daher soll sie Altona, das ist, allzunahe, genennet worden seyn, wobey die Erzehlung so man gemeiniglich hört, gänzlich falsch befunden wird.")

Otto Heinrich Großheim: Gedanken über das Schicksal der Stadt Altona bey Einweihung der neugebauten Evangelisch Lutherischen Hauptkirche, 1743.

Haus gebaut und den in der Altonaer Geschichtsschreibung so berühmten Krug Altona eingerichtet. Seine erhoffte Kundschaft sind weniger die Fischerkollegen, sondern die Hamburger Bürger. Denn er erbittet und bekommt vom Grafen das Privileg, „Rotbier" zu brauen, ein ohne großen Aufwand herzustellendes Gebräu, ein billiges Bier für den Alltag, das hurtig verbraucht werden muss, bevor es verdirbt.

Zuvor war das Hamburger Braugewerbe mit einer neuen Abgabe belegt worden, die wie heute auf die Kundschaft umgelegt wurde, und Joachims neuer Krug sollte den durstigen Hamburgern eine billige Alternative sein, zunächst aber dem Hamburger Rat ein saures Aufstoßen bereiten, denn flugs werden zwei Ratsherren entsandt, Vincent Möller und Johann Rodenburg, um den Preisrebellen zu stoppen und den weiteren Ausbau des anrüchigen Etablissements zu hindern. Und just bei jener juristischen Auseinandersetzung zwischen Hamburg, dem Gastwirt und dem Drosten von Pinneberg als Beauftragten des Landesherren entsteht jene Legende über Altonas Gründung, die der Enkel Peter von der Lohe später geschildert und sozusagen unausrottbar, ja, unsterblich gemacht hat. Die Hamburger Entsandten hätten nämlich gesagt, das Haus liege „all to nah" an Hamburg und daraufhin habe sein Großvater den Krug kurzerhand so genannt. Die Senatoren freilich hatten mit einem kaiserlichen Freibrief gewinkt, der Hamburg garantierte, dass zwei Meilen vor den Stadtmauern kein Haus errichtet werden dürfe, ein freies Feld, das unter strategischen Gesichtspunkten bei einer Festung wie Hamburg auch Sinn macht, und später im Nordischen Krieg bei den anrückenden Schweden und im Napoleonischen Krieg bei den Franzosen, eine entscheidende Rolle spielte.

Die pfiffige Geschichte der geschäftstüchtigen Familie ist sicher nicht ganz richtig, sondern die Deutung eines vorhandenen Namens im Nachhinein, denn die eigentliche Bedeutung Altonas dürfte Altenau sein bzw. Altena, nämlich just jenes Bächlein Pepermölenbek, an dem Krug und Siedlung lagen und dessen ehemaliger Verlauf sich heute noch am Nobistor in der Baulinie der Häuser und Lage der Straßen erkennen lässt.

Dieses Dorf Altona gehörte weltlich gesehen zur Grafschaft Pinneberg, geistlich zum Kirchspiel Ottensen. Altona wäre wohl ein Dorf geblieben und schließlich von Hamburg geschluckt, wäre es nicht seit dem Ende des 16. Jhs. Einwanderungsgebiet für Umsiedler geworden, Flüchtlinge und Asylanten, denen der Landesherr die Ansiedlung erlaubte: Juden, Mennoniten, Reformierte, Katholiken, deren eigentliches Ziel Hamburg gewesen war. Aber Brotneid der Bürgerschaft, hohe Zahlungen für eine Duldung und religiöse protestantische Intoleranz öffnete die Stadttore nur für wenige sehr Begüterte. So war Altona eine willkommene Alternative. Die Katholiken kommen 1528, nachdem Hamburg die Reformation offiziell eingeführt hat. Der Versuch von 12 jüdischen sephardischen Familien, sich 1583 ein Zuzugsrecht in Hamburg zu erkaufen, scheitert letztlich am Widerstand der Bürgerschaft. Auch hier ist die Alternative Altona. Von der sozusagen programmatischen Toleranz des Ortes zeugen heute noch die 1610 angelegten Straßenzüge Große und Kleine Freiheit, an denen die Glaubensflüchtlinge nicht nur ihre Wohnhäuser und Gotteshäuser errichten konnten, sondern auch eine wirtschaftliche Freizone bestand, wo Zünfte keinen Einfluss hatten. Von den Gotteshäusern der Reformierten, Mennoniten und Katholiken hat sich nur die katholische St.-Josephs-Kirche bis heute erhalten. Von den Altonaer Synagogen haben Nazizeit und Krieg jede Spur getilgt. Geblieben ist jedoch als einzigartiges Monument des Altonaer Toleranzmodells der jüdische Friedhof an der Königstraße. 1611 kauften Altonaer und Hamburger sephardische Juden gemeinsam einen Acker in der Feldmark. 1612 gestattete Hamburg, die jüdischen Toten zur Bestattung in Altona dahin zu überführen.

Altonas wirtschaftliche Kraft gründet sich einerseits auf die zugewanderten Kaufleute mit ihrem weitreichenden Kontakt und andererseits auf die nicht zünftig gebundenen Handwerker, die vergleichbare Leistungen weit unter dem Hamburger Preisniveau anbieten konnten. So ließen beispielsweise viele Hamburger ihre Kleidung in Altona fertigen. 1594 beschweren sich die Altonaer Handwerker bei ihrem Landesherrn über Hamburger Rollkommandos, die die Kunden an dem kleinen Grenzverkehr zu hindern suchen und ihnen die Waren wegnehmen.

Altona wuchs stetig, und 1604 erhob es der Landesherr zum „Flecken", was so viel war wie ein Aspirant auf die Stadtrechte, aber von städtischem Charakter war der Ort damals noch weit entfernt. Es gab nicht einmal ein einziges öffentliches Gebäude. Die untere Verwaltung und niedere Gerichtsbarkeit lagen bei der Vogtei in Ottensen, die übergeordnete Verwaltung und Obergerichtsbarkeit beim Drosten und Amtmann in Pinneberg.

Dann kam ein Todesfall, der alles änderte. Am 15. November 1640 war die männliche Linie der Schauenburger Grafen, der Landesherren, ausgestorben, und Altona hätte eigentlich mit der Grafschaft Pinneberg, der es zugehörte, als erloschenes Reichslehen an den Kaiser zurückfallen müssen. Aber unklare Erbschaftsverhältnisse, begünstigt von den Wirren des 30-jährigen Krieges, ließen das Amt Pinneberg und Altona der dänischen Krone zukommen. Die Hamburger hätten durch Intervention des

Graf Adolf von Schauenburg.
Montage mit Porträtstich

König Christian IV. von Dänemark (1577–1648), seit 1640 als Herzog von Holstein Landesherr. Montage mit Porträtstich

deutschen Kaisers durchaus die Möglichkeit gehabt, das zu verhindern und Altona und das Elbufer bis Blankenese für 100 000 Taler zu kaufen, was jedoch an Ausgabenscheu und dem Widerstand der Bürgerschaft scheiterte, die einen Machtzuwachs des Senates fürchtete. So ließ solche Hamburgisierung Altonas fast 300 Jahre (nämlich bis 1937) auf sich warten. Altona war nun Teil des dänischen Gesamtstaates unter dem König Christian IV.

Die dänische Krone baut nun in der Folgezeit Altona systematisch zur Konkurrenz von Hamburg aus, Frederik III. erhebt den Flecken am 23. August 1664 zur Stadt. Altona erhält einen Freihafen (nach Muster von Livorno), den ersten in Nordeuropa, mehr als 200 Jahre vor Hamburg, und das Privileg zum zollfreien Export seiner Produkte in das dänische Königreich. Aus der „Freiheit" wird eine allgemeine Gewerbefreiheit: „Allen Kauf-, Handel- und Handtwerksleuten, von was Nation die seyn, wird hiermit zu gegeben, sich in Unser Stadt Altona ohne Hinderrniß hinführo nieder zu lassen, deroselben Gewerbe und Handtwerke, wie es bishero geschehen, ferner frey und ohne Einführung der geschlossenen Zünfte und Aempter zu treiben, und das Exercitium ihrer Religion, wie vorhin, zu gebrauchen".

Diese Weltoffenheit demonstrierte das Stadtwappen, das, im Gegensatz zur Stadt selbst, durchaus Türme und Mauern zeigte, aber über dem gewellten

Fluss deutlich ein offenes Tor aufweist, eine programmatische Demonstration, die aber möglicherweise nicht nur solche weltoffene Toleranz meint, sondern auch das Zugangsrecht des Landesherrn, sozusagen jederzeit und ohne Anmeldung oder eingeholte Erlaubnis.

1710, auf dem Höhepunkt seiner ersten Blüte, hat Altona etwa 12 000 Einwohner, für damalige Verhältnisse eine Großstadt, die zweitgrößte Dänemarks nach Kopenhagen. Und da ereilt Altona das Schicksal, der Nordische Krieg, gerade als es sich von einer Feuersbrunst 1711 zu erholen beginnt:

Altonas Wappen. Laterne am Rathaus, Gusseisen, 1898

Bedrängtes Altona! Bist Du so hoch gestiegen?
Ach nein! Doch mußt Du bald in grauer Asche liegen.
O Unglück! Doch was ists? Die Gadebuscher Schlacht
Setzt Dich in die Gefahr. Welch Unglück! Ja sie macht,
Daß dort ein Krieger kömmt, man darf ihn Steinbock nennen,
Der härter ist als Stein, er will hier sengen, brennen.

Haß, Hochmuth, Rach und Zorn befördern seine Schritte,
Hier hilft kein nasses Aug und Demuthsvolle Bitte;
Hier legt die Fackeln an, so spricht er ganz erhitzt
Zur Wache, die ihm folgt: Geht, eilt und straft gleich itzt
Das freche Altona. Soll ich mit Ehren leben,
So muß sein heißes Blut an unsern Schwerdtern kleben.

Hierauf befiehlt sein Mund, ihr sollt die Stadt anstecken,
Ihr sollt sie ganz und gar mit Schutt und Graus bedecken;
Ach! welches Wehgeschrey, ach das erfüllt den Ort!
Da heißts. Ein jeder flieh und mache sich nun fort;
In wenig Stunden, ja in wenigen Minuten
Wird unser Altona vor unsern Füssen bluten.

Verstörtes Altona, mit Noth und Angst erfüllet,
Alwo ein grosser Bach gehäufter Thränen quillet,
Da die verstörte Luft den blutgen Abend zeigt,
Und sich der trübe Geist zu öden Plätzen neigt.

Gebeugtes Altona, nun höre auf zu weinen,
Des Glückes Sonne wird bald desto heller scheinen;
Dein König denkt an Dich, Der sucht Dein Wohlergehn
Noch mehr, als wie zuvor; Du solst gleich auferstehn
Aus Deiner Niedrigkeit: Und das ist sein Verlangen,
Du sollst noch herrlicher am Elbestrande prangen.

Des Königs Lieb und Huld hat Dir nun aufgetischet,
Du wirst zum muntern Bau und Arbeit angefrischet,
Du bist dem Phönix gleich, steigst aus dem Staub hervor,
Du wirst noch prächtiger, noch schöner als zuvor.
Beglücke güldne Zeit, Geschenk der grossen Güte!

Du zweytes Altona, schau wie auf allen Seiten
Dein Ansehn doppelt wächst, mit was vor Trefflichkeiten,
die man bewundern muß, ziert Dich Dein König nicht,
Die Sonne zeigt Dir itzt ihn güldnes Angesicht.
Es wird Dir das geschenkt, was andre müssen kauffen,
Nun scheint der Elbestrom vor Dir nach Wunsch zu lauffen.

Gott Lob! Der Friedrich den holden Sinn gegeben,
Wir können unter Ihm in Fried und Freyheit leben;
Was Handelung und See dem Bürger eingebracht,
Darauf ist Altona nun Tag und Nacht bedacht.
Kurz, was man sonsten nur zum wahren Wohlseyn zählet,
Das wird mit unsrer Stadt verbunden und vermählet.

(Otto Heinrich Großheim:
Gedanken über das Schicksal der Stadt Altona, Altona 1743)

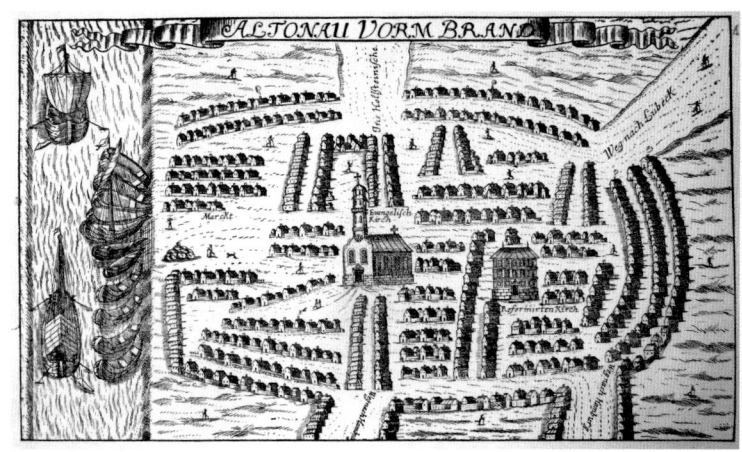

Altona „vor"
und „im"
Brand 1713.
Anonyme
Radierung

(vorstehend
S. 27):
Silber-Medaille
auf den
20. Mai 1713,
Altonas Brand.
Porträt König
Frederik IV.

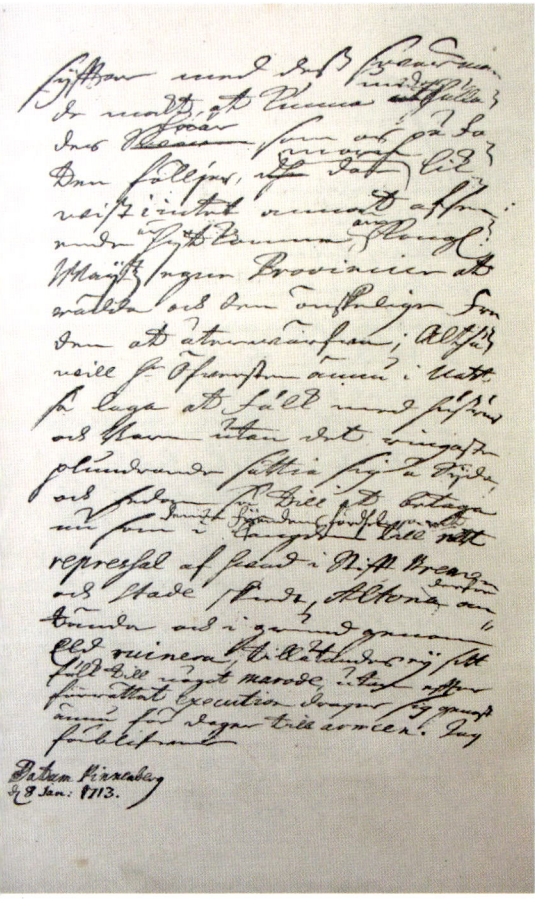

Am 8. Januar 1713 lässt General Magnus Stenbock die Stadt niederbrennen, als Vergeltung für Stade, dessen schwedische Besatzung im Jahr zuvor von der dänischen Artillerie beschossen worden war. Nach 24-stündigem Inferno sind von 2452 Wohnräumen und Häusern 1561 vernichtet, die meisten Einwohner geflohen. Um Altona die vorherige, für die dänische Politik und Wirtschaft wichtige Rolle als zweitgrößte Stadt wiederzugeben, bedarf es der sofortigen Initiative des Königs. Als Sonderbeauftragter wird der Schwager des Königs, Christian Detlev Graf Reventlow, eingesetzt. Es wird eine landesweite Geldeinsammlung veranstaltet und auch die Kollekte sämtlicher Kirchen dem Wiederaufbau gewidmet. Den Wiederaufbauwilligen werden steuerliche Begünstigungen und staatliche Materialspenden gewährt. Das neue Altona gestaltet der Baumeister Claus Stallknecht, leider ohne den beengten

General Magnus Stenbocks Befehl, Altona einzuäschern, 1713

Grundriss und die Straßenführung zu verbessern, aber mit brandstabilen Häusern, die in den Fassaden auf Holz verzichten. Er errichtet das Rathaus (1716), die Mennonitenkirche (1716), die Heiliggeistkirche (1716), die Lateinschule Fridericianum (1721–25), die später und bis heute Christianeum heißt und keinen geringeren Anspruch hatte, als Grundstock zu sein für eine zweite Universität neben der bisher einzigen in Kopenhagen. All diese Bauten sind den Bombardements von 1943 zum Opfer gefallen. Das Rathaus freilich, von Stallknecht später in verkleinerter Zweitauflage als Rathaus von Viborg errichtet, vermittelt dort bis heute eindrucksvoll die Stimmung des Altonaer Baues.

Graf Detlev v. Reventlow,
Oberpräsident (1671–1738).
Montage mit Porträtstich

Unter den Fittichen des dänischen Merkantilismus erlebt Altona ein goldenes Zeitalter. 1705 gibt es dort 29 als „Fabrik" betriebene Gewerbe: Webereien, Kattundruckereien, Knopffabriken, Gerbereien, Hutmachereien, Kammmachereien, Sägereien, Mühlen, Zuckerraffinerien, Seifensiedereien, Brennereien für Branntwein, Brauereien, Großbäckereien und Nagelschmieden. In der zweiten Hälfte des 18. Jhs. entwickelt sich Altona zu einem wahren Zentrum der Aufklärung in Norddeutschland. Damit sind Namen wie Johann Daniel Lawaetz, Georg Heinrich Sieveking und vor allem Johann Friedrich Struensee verbunden, der hier zehn Jahre als Stadtphysicus wirkte. Seine modernen sozialreformerischen Ansätze und medizinischen Neuerungen münden in einer wahren Flut von Reformgesetzen, etwa der Pressefreiheit oder Verboten von Sklaverei und Leibeigenschaft, die er als Geheimer Kabinettsminister im

Claus Stallknecht, Stadt-Baumeister (1681–1734)

Im Januar 1713 haben schwedische Truppen große Teile Altonas durch Brandlegung zerstört. Graf Reventlow, der vom König bestellte Generalbevollmächtigte für den Wiederaufbau, beauftragt Stallknecht mit der architektonischen Planung und Durchführung. Am 6.10.1714 wird er zum Stadtbaumeister ernannt, der sich zuvor u. a. mit dem Wiederaufbau des Schlosses in Kolding verdient gemacht hatte (1715–1718). Stallknecht schreibt in Altona aus Brandschutzgründen bei den wiedererrichteten privaten Wohnhäusern und Mietsbauten Ziegelfassaden vor. Im Stadtbild waren sie deutlich von den Vorbrandhäusern in Fachwerk zu unterscheiden. Diese Traufenhäuser mit Fassade zur Straße nutzten mehretagig die Grundstücke besser aus. Eigene Haustüren ermöglichten den separaten Zutritt zu den Wohnungen in verschiedenen Stockwerken.

An öffentlichen Bauten entstanden: das Rathaus (1716–21), Stallknecht war dabei zugleich Generalunternehmer und lieferte zum Fest-

Stadtkern (Mirbach, 1802), Ausschnitt

*General-Feuer-
Ordnung für Altona*

34

preis; Mennonitenkirche (1716–1717); Reventlowstift mit Heiliggeistkirche (1716–18); Gymnasium Christianeum (1721–1724). Außerdem plante er den Hafen (1723).

1731 Ernennung zum Kammerrat und Landesbaumeister der Herzogtümer. Neue Stadtplanung von Viborg nach dem Brand (1726); Wiederaufbau des Domes (1726–29); Rathaus (1727–30). Reparaturen von Schloss Gottorf (1731). Seltsamerweise sind fast alle Bauten Stallknechts in der Zwischenzeit verschwunden, bis auf das Viborger Rathaus.

Claus Stallknechts neues Rathaus, 1716–21. Fotopostkarte 1914

Stuhl aus Rathaus. Altonaer Manufaktur, um 1720

Fayence ist eine keramische Technik, deren Kenntnis von Spanien und Italien über die Niederlande nach Deutschland und Dänemark gelangt war. Man erzeugt eine niedrig gebrannte Tonware, deren brauner oder grauer Scherben unter weißer Zinnglasur verborgen wird, um den Eindruck von Porzellan zu erwecken, das selbst nach seiner Wiederentdeckung im 18. Jh. hochpreisiger Luxus blieb. Bekannte Manufakturen gab es u. a. in Straßburg, Stralsund, Hannoversch Münden, Braunschweig und im Norden in Oldesloe, Stockelsdorf, Schwartau, Kiel, Eckernförde, Itzehoe, Rendsburg, Griseby, Schleswig und im dänischen Kerngebiet in Næstved, Kastrup

Königliches Privileg für die Altonaer Fayence-Manufaktur, 1768/1770/1775

36

und Kopenhagen. Dort entstand teilweise hochwertige Ware mit örtlich typischem eigenen Gesicht. Das Fehlen solcher Produktion in der großen Stadt Altona, die Manufakturen verschiedenster Art besaß, war durchaus auffällig.

Bis zur Grabung des Altonaer Museums von 1962 war die Existenz einer Altonaer Fayenceproduktion fraglich. Ausgrabungen des Schleswig-Holsteinischen Landesmuseums 1953 in Kellinghusen ermutigten jedoch 1962, hinter dem Gebäude des Altonaer Unterstützungsinstitutes, Catharinenstraße 12, das abgerissen werden sollte, probeweise zu schürfen. Während vier Wochen fand man in 4 m Tiefe Abfallgruben als Scherbenlagerstätte. Sie enthielten neben misslungenen Fehlbränden und zerbrochener Ware auch Modelle, Formen und Probestücke von Gebrauchs- und

Ofenkachel aus den Scherbengruben, Altona um 1780

Warmbierschale, Altonaer Fayence-Manufaktur, um 1780

Prunkgeschirr sowie Ofenteile. Erhaltene Markenzeichen zeigten das Altonaer dreitürmige Wappen, je nach Zeitstufe in verschiedener Abstraktion. Das Grundstück war 1756 von Jürgen Mewe gekauft worden, der sich als „Weißtöpfer" bezeichnete. Er muss noch vor 1773 mit der Produktion begonnen haben, als er ein königliches Privilegium erhält zur zollfreien Einfuhr seiner Fayencen nach Dänemark und in die Herzogtümer. Die Manufaktur bestand bis 1804.

Das Museum registrierte viele Stücke für seine Schausammlung. Seit 2008 hat eine ehrenamtliche Arbeitsgruppe das kistenweise vorliegende Scherbenmaterial sortiert, zu Gefäßen kombiniert, Systematiken von den Mustern erstellt, alles fotografiert und im Inventar erfasst, mit dem Ziel einer Rekonstruktion der Produktpalette und Ausstellung.

Auf dem Gelände an der Königstraße steht heute die Stadtteilschule am Hafen. Bei Rohrlegearbeiten tauchen noch vereinzelt Scherben auf.

Salbenkruken vor der Glasur. Scherbengruben der Manufaktur, um 1780

Namen des indisponierten Königs in Kopenhagen durchsetzt. Seine Methode ist dabei eine medizinische, die Heilung des gesamten Staatskörpers und der Lebensumstände der Menschen. Sein Ziel ist die Umgestaltung des gesamten dänischen Staates im Sinne der Aufklärung, mit 1800 Gesetzesdekreten in nur

18 Monaten. Damit wäre Dänemark mit einem Schlag zu einem der modernsten Staaten Europas aufgestiegen. Aber die zuvor Mächtigen, deren Rechte er beschnitten hatte, schlagen zurück und ein Schauprozess bringt ihn 1772 schließlich in Kopenhagen auf das Schafott.

In Altona wohnte Struensee (1760–62) zur Miete in einem der alten Fachwerkhäuser, die vor dem Stadtbrand von 1713 entstanden waren. Man zeigte es lange mit einer

Ecke Kl. Papagoyenstr. / Kirchenstr. Dr. Struensees Wohnung im 1.Stock (1760–62)

Dr. Struensee, Stadtphysikus in Altona

Johann Friedrich Struensee wurde am 3. August 1737 als drittes Kind Adam Struensees in Halle geboren und erhielt seine Schulbildung im Waisenhaus, wo der Vater als Lehrer die unerbittlichen Prinzipien des Pietismus vermittelte. Der 14-Jährige nimmt an der Universität Halle das Studium der Medizin auf, nicht der Theologie wie sein Bruder. Für das Fach interessiert hatte ihn wohl der Vater seiner Mutter, der sein Otium in der Familie verbrachte und Leibarzt des dänischen Königs gewesen war, was des Enkels spätere Karriere genützt haben dürfte. 1757 schließt er als 20-Jähriger mit der Promotion ab: „De incongruis corporis motis insalubritate" (über die Gesundheitsschädigungen durch falsche Körperbewegungen).

Hier bereits legt er seine medizinischen Prinzipien klar, die nicht die hippokratische Lehre

Dr. Struensee. Montage mit Porträtstich und Baldrian

nachbeten wie seine Standeskollegen, sondern auf Beobachtung und Erfahrung bauen. Die Natur selbst strebe nach Heilung und die Medizin habe als Aufgabe, dies durch Abhärtung in frischer Luft zu unterstützen. „Die Erfahrung sey unsere Wünschelrute", ließ er 1760 in einer Abhandlung wissen.

Der Stadtphysikus erhielt, als Armenarzt Altonas, nur sehr bescheidene Vergütung. Einen Stamm von zahlenden Privatpatienten hatte er noch nicht.

41

Als ihm das Halten medizinischer Privatvorlesungen zur Weiterbildung von Kollegen und Hebammen verwehrt wird, erhält er stattdessen eine weitere offizielle Tätigkeit als Landphysikus für die Grafschaft Rantzau und die Herrschaft Pinneberg. Das Landgebiet schafft ihm Erfahrungen mit anderen Krankheitsbildern als die Stadt, Erkenntnisse, die ihn zur Pockenschutzimpfung führen und zur Entdeckung der Ursachen der Maul- und Klauenseuche nützlich sind, ihm vor allem aber einen Patientenstamm unter den Gutsbesitzern bringen, die erst ihre Bediensteten und dann sich selbst inokulieren lassen, also gegen Pocken immunisieren, um nicht zu den jährlich 400 000 Toten zu gehören, die allein in Westeuropa dieser Krankheit erliegen.

Es gibt in der Stadt Altona kaum ein Krankheitsbild, zu dem ihm nicht gänzlich neue Heilansätze einfallen, deren Erfolge sich im Weiteren bestätigen, sei es nun Geburtshilfe, Heilmittellehre, Augenheilkunde, Epidemiologie, Hautkrankheiten usw. Reiche Studien- und Verbesserungsmöglichkeiten gibt es beispielsweise im Altonaer Zucht- und Werkhaus, wo jeder Kranke im Lazarett auf seine Forderung ein eigenes Bett erhält, oder im Waisenhaus (das er aus eigener Kindheit kennt), wo er die Krätze der Kinder mit Schwefelsalbe und getrennten Strohsacklagern prompt kuriert.

Dass er bei fast allen Kollegen aneckt, die ihre Geschäfte gefährdet sehen, liegt auf der Hand, auch weil er bei Epidemien selbst zu den Krankenlagern eilt, statt aus sicherer Entfernung Diagnosen zu stellen. Nur zwei können seinen Neuerungen folgen, Johann Reimarus und der jüdische Arzt Hartog Gerson, die in Holland und England studiert haben.

Struensees Schicksalsstunde zu seinem Aufstieg und Fall schlägt 1768, als eine seiner Holsteiner Kontaktpersonen, Graf Schack von Rantzau-Ascheberg, ihn als Reisearzt für den jungen König empfiehlt, dessen geistige Krankheitssymptome er bereits bei einem Kurzbesuch in Altona 1767 hatte bessern können. Struensee betrachtet Geisteskranke in völlig neuer Weise, nämlich als Kranke, nicht als von Dämonen Besessene, die man einsperren muss. Er begleitet nun den jungen, labilen König auf dessen einjähriger Antrittsreise durch Deutschland, die Niederlande, England und Frankreich. Er folgt ihm nach Kopenhagen, wo er während einer Pockenepidemie den Kronprinzen durch Impfung vor der Seuche bewah-

ren kann und das Vertrauen des Königspaares erwirbt. Seit 1770 ist er offiziell Leibarzt, wie es sein Großvater Johann Samuel Carl 30 Jahre zuvor bei Christian VI. gewe-

*Königin als Herren-
reiter. Amme mit
Struensees Tochter.
Spottbild 1772*

sen war. Und mit immer neuen Vollmachten und Gesetzen therapiert er Dänemark im Namen des indisponierten Herrschers in nur $1\frac{1}{2}$ Jahren zu einem modernen Land, dessen Staatskörper er die verschiedensten Kuren hat zukommen lassen. Mit der Königin zeugt er eine Tochter, die, als offizielles Kind anerkannt, schließlich den Augustenburger Herzog heiratet und Vorfahrin der letzten deutschen Kaiserin wird. Struensee selbst endet 1772 in Kopenhagen auf dem Schafott. Seinen Reformen geht es nicht besser. Fast zur Gänze annulliert, tauchen die Modernisierungen erst nach Jahren stückweise wieder aus der allgemeinen Gestrigkeit.

Zeitung „Altonaischer Mercurius",
4. Febr. 1791

Die königliche Münze

Die Stadt Altona hatte selbst um Errichtung einer offiziellen Münzstätte ersucht und Christian VII. erteilte am 17. April 1768 die entsprechende Konzession. Nach Plänen des Schleswiger Landbaumeisters Johann Gottfried Rosenberg entstand 1771 ein zweigeschossiger Backsteinbau mit siebenachsiger Fassade zur Gr. Johannisstraße. Mit Nebengebäuden und Buden enthielt es ein „Werk zu Silber" und ein „Werk zu Gold" mit Schmelzöfen und Pferdegöpel-Antrieb. Die Münze von Altona galt bald als die beste im Gesamtstaat. 1813 hatte man bereits für 104 Mill. Taler geprägt. 1863 wurde der Betrieb nach Kopenhagen verlagert. Nach weitgehender Zerstörung durch Bomben 1943 brach man 1947 die Mauerreste ab. Erhalten ist lediglich das Giebelmedaillon „Königliche Müntze 1771" (Altonaer Museum).

Es wurden in Altona u. a. geprägt: kupferne Dreilinge und Sechslinge, Goldmünzen (Christian d' or 1771 und Frede-

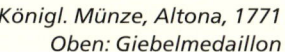

Königl. Münze, Altona, 1771
Oben: Giebelmedaillon

rik d' or seit 1827). Besonders nach der Währungsreform von 1788 benötigten die Herzogtümer große Mengen an Münzen: Speciestaler zu 60 Schilling Holsteinisch Courant sowie Stückungen von $^2/_3$, $^1/_3$, $^1/_6$, $^1/_{12}$ und $^1/_{24}$-Teilen. Tätig waren in Altona u. a. der Münzmeister Michael Flor (seit 1786) und der Medailleur Johann Heinrich Wolf.

Zustand der Münzstätte 1943. Oben: Altonaer Prägungen

mouth; sein Pferd fiel gleich nach seiner Ankunft todt nieder. Ihm folgten noch 2 andere Expressen, die unter andern die unangenehme Nachricht von dem Absterben des Admirals Hardy mitbrachten.

Der Geist der Widersetzung wird in Irland immer schwächer, und die Regierung bemühet sich, alle Vortheile daraus zu ziehen.

Haag, den 23 May. Nach Briefen aus Danzig, sind bey Thorn 3000 Last Roggen für Preußische Rechnung aufgekauft worden, und eben so viel sollen noch gekauft werden.

Hamburg, den 26 May. Se. Excellenz, der Herr geheime Rath und Schatzmeister, Graf von Schimmelmann, Königl. Dänischer Minister im Niedersächsischen Kreise, sind von Copenhagen zurück gekommen.

Vor einigen Tagen sind die Englischen Transport-Schiffe, welche die zu Stade nächstens eintreffende Braunschweigische und Zerbstische Rekruten einnehmen sollen, zu Brünshausen angekommen.

Schiffs-Nachrichten.

Lübeck. Den 24sten May sind abgegangen: J. Wickström nach Danzig und M. Biebarg nach Riga; und angekommen: L. C. Möller und P. Petersen von Copenhagen. Den 25sten ist angekommen: M. Stehngraff von Bordeaux: und abgegangen: A. F. Lunau nach Riga. Den 26sten ist angekommen: C. Herboe von Bayonne und P. Andreas von Amsterdam: und ausgegangen: N. Zachartsen nach Gothenburg; C. J. Brand nach Danzig; H. Krast nach Stralsund und Meinerts nach Riga.

Hamburg, den 28sten May. An die Stadt sind gekommen: N. Andresen von Bergen: C. Wichmann von Yarmouth; H. Quitmann von Leverpool; A. Prahl von Bordeaux; A. Meyer von London und D. Oken von Amsterdam.

Angekommene Fremde.

Hamburg. Angekommene den 24sten May: der Herr Rath Schüler kömt von Schleswig, logirt in London. Der Herr Wilkens, ein Kaufmann aus Bremen, logirt beym guten Freund. Die Herren Niemann, Wagener, Ludewigsen und Lücke, Kaufleute, kommen aus dem Holsteinischen, logiren bey gute Freunde. Der Herr Pottwisotzky, ein Studios, kömt von Lübeck, wuste noch kein Logis. Den 25sten: der Herr Lieutenant von Plahten, kömt von Lübeck, pasirt durch. Die Herren Richtsen, Kaufleute, kommen von Rostock, logiren in der Ober-Gesellschaft. Der Herr Lieutenant von Lüttwitz, kömt aus Schlesien, logirt auf Kaisershof. Den 26sten: Se. Excellenz, der Herr General, Graf von Horn, kömt von Rostock, logirt auf Kaisershof. Der Herr Eichmann, ein Kaufmann, kömt von Havelberg, logirt auf dem Eimbeckischen Hause. Den 27sten: der Herr Doctor Rohde, und Herr Rohde, ein Kaufmann, kommen von Lüneburg, logiren im Wilden Mann am Hopfenmarkte. Der Herr Lieutenant von Brockes, kömt von Hannover, logirt in der Stadt Copenhagen. Die Herren Küssel und Bordehl, Kaufleute, kommen von Lübeck; der Herr Desmartain, ein Kaufmann, kömt von Lion, und der Herr Lieutenant von Glöden, kömt von Berlin, logiren bey Eckardt im Krameramthause.

Hamburger Schauspiel.
Heute: Die Physiognomie.

Goldkurs und Wechselkurs. Altonaischer Mercur, 1780

Geld-Cours in Altona. Ao. 1780, den 26 May.

Ducaten, neue $\frac{1}{2}$ pCt. schl.		
Dito al Marco 95$\frac{1}{4}$ ß		Vollwigtig
Christian, Louis- & Fridrichs d'Or} 10 m̃g 7 ß		das Stück in Banco.
Dän. & Holst. gr. Cour. 23$\frac{1}{2}$ —		pCr.
Dito klein Cour. 23$\frac{7}{8}$ —		schlechter
Neue $\frac{2}{3}$ vor voll 30$\frac{1}{2}$ —		als Banco.
Chr.- Louis- & Frid. d'Or 43$\frac{1}{8}$ à $\frac{3}{4}$		
Neue $\frac{2}{3}$ Stücke vor voll 5$\frac{1}{2}$ à $\frac{2}{3}$		pCt. schlecht.
Chr.- Louis- & Fr. d'Or 16$\frac{1}{2}$ à $\frac{1}{3}$		als gr. Cour
Duc. zu 2$\frac{3}{4}$ Rthlr. 1. Geld 5$\frac{5}{8}$		pCr. schl als
Christ.-Louis & Frid. d'Or 10$\frac{1}{2}$		N $\frac{2}{3}$ vor voll.
Neue $\frac{2}{3}$ Stücke 30 ß 3 à 4 Q —		das Stück
Ducaten, neue 7 m̃g 6 ß —		in grob
Chr.- Ls- & Fd'or 12 m̃g 14$\frac{1}{2}$ ß		Courant.
Silber } 4 à 5 löth.}		
in } 6 à 7 löth.} 27 m̃g 10 ß		die Mark
Barren } 12 à 13 löth.} 27 m̃g 10 ß		fein in
Fein Silber — 27 m̃g 10 à 12 ß		Banco.
Stück von Achten — m̃g — ß		

Wechsel-Cours in Altona, Ao. 1780, den 26 May.

Amst. Bc. 33$\frac{1}{4}$ — ß.t.p.dald. v.32 ß		Kurze Sicht
Dito 33$\frac{1}{2}$ ß —		
Bourdeaux 25$\frac{1}{4}$ ß Bco. p. Cr.		2 Uso oder
Paris 25$\frac{1}{8}$ — ß Bco. p. Cr.		2 Monat dato
London 34 ß 1 Q p. L. Sterl.		
Madrid 88$\frac{3}{4}$ — gr. p. Duc.		
Cadix 88$\frac{1}{2}$ — gr. p. Duc.		
St. Sebastian — gr. p. Duc.		1$\frac{1}{2}$ Uso von
Bilbao 88$\frac{1}{2}$ — gr. p. Duc.		3 Monat dato
Lisbabon 43$\frac{3}{4}$ — gr. p. Crus.		
Venetia 84 — gr. p. Duc.		
Breslau in Bco. 41$\frac{1}{4}$ — ß p. Pfd. } 6 Woch. dato		

Pro Cento.

Amsterd. Cassa 5$\frac{1}{4}$ — schl. } Kurze Sicht		
Dito 5$\frac{3}{4}$ — } 2 Monat		
Copenhagen Courant 26 br. } dato.		
Dito } Kurze Sicht.		
Prag Courant 47$\frac{1}{2}$ — } 6 Wochen		
Wien Cour. p. Cassa 47 } dato.		
Leipzig in Louis d'Or · } in der Messe.		

Getraidepreis in dän. & holst. gr. C. d. 26 May 1780
Waitzen, Marksch. à Last Rthlr. 70.76 Roggen, Mckl. 45 à 46 Gersten, Votl. wint. — Eider wint. —. Haber, Eyder weiß. 26 à 28 Störl. Futter 22 à 24. Bohnen 35 à 42 Erbsen 40 à 42.

Die Altonaische Wunder-Kronessenz des Herrn Menadier

Dies Wundermittel in kleinen gläsernen Portionsflaschen trug den Namen Altonas in viele Länder. Dabei war der Inhalt eigentlich nichts Neues, aber geschicktes Marketing, skrupellose Aneignung von geheimen Rezepten und geschickte Reklame für ein „Markenprodukt" waren überaus erfolgreich.

Johann Peter Menadier (1735–1797) stammte von Hugenotten ab und war eigentlich ein Schustergeselle, als er sich 1757 in Altona niederließ. In seiner Nachbarschaft rührt die Familie Schwerz um 1710/20 Schwedenkräuter nach der Rezeptur des Schweden Dr. Hjärne zusammen, und Menadier schaut sich deren Kunst ab, beschafft sich Gutachten über die fast universelle Wirksamkeit, wohl auch, gegen Geld, vom Amtsarzt Struensee eine entsprechende Stellungnahme. 1774 erwirbt er sogar einen Doktortitel der Universität Greifswald, der ihm allerdings wieder aberkannt wird, weil er zur Verteidigung, der Disputation, nicht vor Ort erscheint. Familie Menadier hat ihr Haus in der Kleinen Mühlenstraße/Ecke Bäckerstraße, also unweit des Christianeums. Seine Firma ist von großer Langlebigkeit, wird 1951 von Fa. Asche übernommen und ist schließlich 2006 in Bayer aufgegangen. Die Kronessenz war in vielen Deutschen Pharmakopöen aufgenommen als „Elexir ad longam vitam" und wurde noch 1968 (!) in Hamburger Apotheken angesetzt. Dr. Urban Hjärnes bitteres Elexier war zu seinen Lebzeiten (1641–1724) ein geheimes Rezept. Er testamentierte es an seine Söhne, die mit der Wundermedizin die Märkte Schwedens bereisten. Die Anwendungsweise und die etwa 40 Gebrechen, die es heilt, darunter geschwollene Beine, Brand und Knochenbruch sowie alle venerischen Krankheiten etc., fasste ein gedrucktes Merkblatt zusammen: nur 30 bis 50 Tropfen, dreimal die Woche eingenommen.

Plakette als „Struensee-Haus" vor, bis es 1937 im Zuge der Flächensanierungen zur Vorbereitung der Gauhauptstadt Nord abgerissen wurde. Neben literarischen hinterließ Struensee in Altona auch bauliche Spuren, etwa die Ausbildungsanstalt für Hebammen, deren letzte Reste, Bruchstücke des Portalsteines, das Altonaer Museum verwahrt. Sein Leben und Wirken bieten bis heute dankbaren Stoff für Romane und Filme.

Diese Blüte der Stadt endet erst, als die englische Blockade und die Kontinentalsperre Napoleons den Handelsverkehr auf der Elbe zum Erliegen bringen. Dazu kommt 1813 der finanzielle Ruin durch den Staatsbankrott Dänemarks, eine Folge des Bündnisses mit Frankreich.

Nach dem Untergang der französischen Armee 1812 in Russland rücken die Franzosen unter General Louis-Nicolas Davoust am 30. Mai 1813 wieder in Hamburg ein, das sie schon 1806 besetzt hatten. 55 000 Hamburger Einwohner müssen eine Besatzungsmacht von 42 000 Mann ernähren. Die Franzosen bereiten sich auf eine Belagerung durch die verbündeten Armeen vor. Die Hamburger Bürger werden gezwungen, sich für sechs Monate Proviant zu besorgen, um die erwarte-

Flaschen der Altonaischen Kronessenz. Grabungsfund Hafen Kapstadt

te Belagerung durchzuhalten (und den Besatzern eine Reserve an Fourage zu bieten). Vielen Menschen reichen dafür die Finanzen nicht. So werden schätzungsweise 20 000 Menschen ausgewiesen, davon allein 6000 zum Ersten Weihnachtstag 1813 aus ihrer eigenen Stadt verjagt. Viele davon kampieren auf offenem Feld im Niemandsland vor Hamburg. Altona nimmt mit seinen 25 000 Einwohnern so viele von ihnen auf wie überhaupt möglich, organisiert vom Oberpräsidenten Blücher, der mit der menschenfreundlichen Tat seiner Stadt in ganz Europa geachtet wird und, in den Grafenstand erhoben, fortan Blücher-Altona heißen wird. 1138 Menschen verhungern und erfrieren jedoch. Viele von ihnen finden im Altonaer Massengrab

Standbild Oberpräsident Graf Blücher-Altona. Franz Schiller, 1852

ihre letzte Ruhe, einem der berühmten „drei Gräber von Ottensen" an der Christianskirche. Blücher hatte mit großer diplomatischer Mühe die abermalige Einäscherung Altonas verhindern können, als die Franzosen freies Schussfeld verlangt hatten und ganze Vorstädte Hamburgs niederlegten.

Wenige Jahre zuvor hatte Altona bereits für eine ganze Welle von Flüchtlingen Zuflucht und neue Heimat geboten, für Franzosen, die der Revolution von 1789 und den folgenden Säuberungen zum Opfer gefallen waren und ihr Heil

Ludwig Dettmann, 1899: Blücher empfängt 1813 die vertriebenen Hamburger in Altona

Rainvilles französisches Restaurant nach 1798. Gemälde von J.-B. Schmitt, 1808

in der Flucht gesucht hatten, etwa 4000 Menschen. Darunter waren viele adlige Familien, die in Altona in kurzer Zeit inte-

Astronom Heinrich Christian Schumacher (1780–1850). Montage

griert wurden und ihren Lebensunterhalt nun als Fechtlehrer, Tanzmeister, Sprachlehrer, Gastronomen und in vielen verschiedenen Handwerken fanden. Einer von ihnen war Cesar Claude de Rainville mit seinem berühmten Restaurant am Elbhang, das exquisite französische Lebensart und Küche bieten konnte.

Ab 1817 gelang es dem Astronomen Heinrich Christian Schumacher, in königlich dänischem Auftrag ein lückenloses Nivellement der Linie zwischen Skagen und Lauenburg durchzuführen, Voraussetzung für die topografisch-mathematische Erfassung Schleswigs und Holsteins von 1820 mittels Triangulation (einem Dreiecksnetz). Bei Schumachers Altonaer Sternwarte an der Palmaille verlief der „Altonaer Meridian" als geografi-

Meilenstein (Frederik VI., 2 Meilen vor Altona, Altona-Kieler Chaussee. 2014

sche Grundlage für alle Vermessungen und Positionen zu Land und See, eine Nulllinie, von der man seine Reise beginnen und mit deren Hilfe man auch sicher zurücknavigieren konnte, Altona als Nabel der Welt, Vorgänger der Rolle von Greenwich! Die königliche Finanzierung der Bemühungen diente freilich weniger wissenschaftlichem Interesse als der genauen Erfassung allen Grundbesitzes zur verlässlichen Taxierung von Steuern. Auch erreichte man die Ankopplung Dänemarks an das europäische Vermessungsnetz, als Gauß die Vermessung durch das Königreich Hannover fortsetzte.

Eisenbahn-Vermessung durch die Dichterstube. Fliegende Blätter, 1845

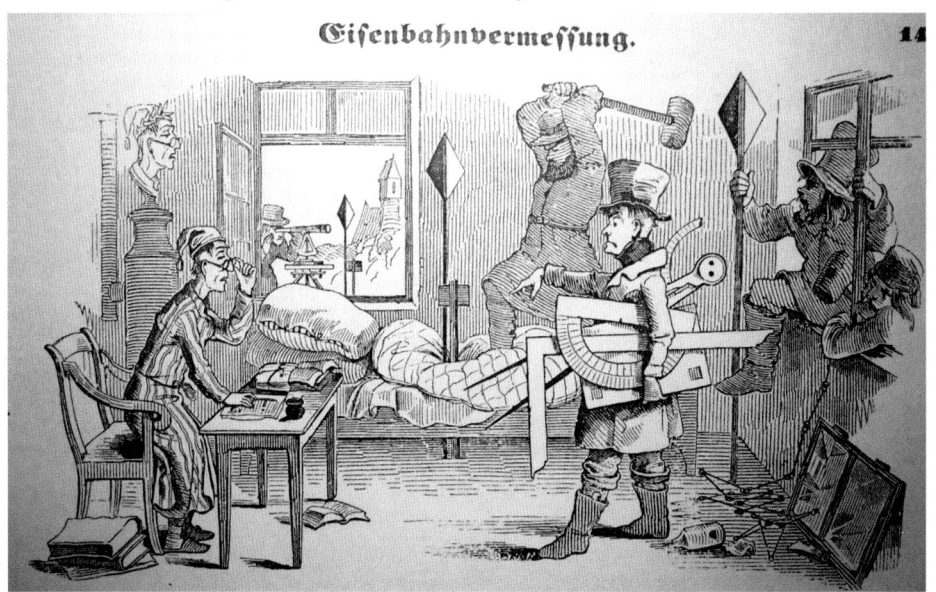

*Altonaer englische Lok „Dania",
später „Diana"*

Ein weiteres Ziel lag in der wirtschaftlichen Notwendigkeit einer Verbesserung von Verkehrswegen, zunächst mit modernen Chausseen, wovon noch die granitenen Meilensteine zwischen Altona und Kiel Zeugnis ablegen. Es folgte 1844 die Verwirklichung von „Chr. VIII Ostseebahn" (Altona-Kieler Eisenbahn) zwischen Altona und Kiel, eine Strecke von 104,93 km, die erste im dänischen Gesamtstaat, die auf technisch modernste Weise für Dänemark und Holstein eine schnelle Verbindung zur Elbe und zum Atlantik bot, weit überlegen dem veralteten Schleswig-Holsteinischen Kanal. Sie verkürzte die Fahrzeit zwischen Altona und Kiel auf $2^{1}/_{2}$ Stunden, gegenüber 12 auf der Chaussee. Bald offenbarte der praktische Zugverkehr, dass in Altona und Kiel die Uhren verschieden gingen, im wahrsten Wortsinn, und Schumacher untersuchte die Differenzen astronomischer Zeit zwischen verschiedenen Orten, ein Problem, das er mit einer künstlichen mittleren „Eisenbahnzeit" für die Fahrpläne löste, auch, um die hohe Gefahr möglicher Zusammenstöße auf der eingleisigen Strecke einzuschränken.

Der Gleisverlauf an Altonas westlichem Rand entsprach fast der Grenze zu Ottensen. Der Bahnhof am nördlichen Kopfende wandte sich mit seiner Fassade zur Elbe hin und erfüllte städtebaulich fast die repräsentative Aufgabe des unweit hiervon 1738 geplanten königlichen Schlosses, das über ein Entwurfsstadium von Cai Dose 1757 (der 1743 schon die Hauptkirche St. Trinitatis errichtet hatte) nicht hinausgekommen war. Gleisverlauf und Bahnhof mussten möglichst in der Nähe des Hafens angelegt werden, der 28 m tief unter der Geest lag und zwang, mittels einer schiefen Ebene und Dampfbetrieb die Lasten von

Eröffnung der Strecke. Altona, 18. Sept. 1844. Anonym. Gemälde
Rechte Seite: Altona nach Osten. Vorn: Bahnhof. Hinten: Hamburg (J. Gottheil)

unten nach oben zu befördern, um sie auf Waggons der Bahn umladen zu können, eine aufwendige Methode, die seit 1876 durch die Hafenbahn und den „Schellfischtunnel" verbessert wurde. Gleichzeitig verlegte man den Bahnhof um 500 m nach Norden und errichtete 1894–98 preußisch markant ein festungsartiges, wilhelminisches Bahnhofsgebilde, dessen Wirkung dem Tor und den Türmen des Altonaer Stadtwappens entsprach, 1974 aber für die City-S-Bahn zugunsten eines optisch misslungenen Kaufhauses mit Bahnhof im Keller abgerissen wurde (1973–79).

„Geneigte Ebene" für den Transport von Lasten von der Elbe zum Bahnhof (G. Fries um 1850)

Altona Bahnhof. Elbfront. Illuminierter Stahlstich (H. Jessen um 1850)

Rechte Seite oben:
Gedenkmünze auf Bahneröffnung.
Lok und König Chr. VIII., 1844

Rechte Seite: Ankunft in Altona um 1850
(Detail von S. 60)

„Auf zur Gründung, auf zur Weihe!
Auf und legt den ersten Stein!
Betet, daß das Werk gedeihe,
Möge Gott sein Schützer sein!

Senket, daß sie Wurzel schlage,
ein die gottempfohlene Saat,
Daß sie reiche Früchte trage
An der Elbe Hochgestad!

Liege in der Erde Schoße,
Bringe uns erwünschte Frucht!
Hört Ihr drüben das Getose?
Höret ihr der Erze Wucht!

Horch! Es kommen dort im Zuge
Viele Wagenreihen an,
Die in reißend schnellem Fluge
Rasseln auf der Eisenbahn!"

(Prof. Eggers,
Direktor des Christianeums, zur
Grundsteinlegung des Bahnhofes, 1844)

Der preußische Bahnhof,
Abbild des Stadtwappens,
1893/95 bis 1973.
Foto um 1910

Der alte dänische Bahnhof jedoch wurde 1898 zum neuen Rathaus umgebaut, in dem die alten Gebäudeteile noch deutlich erspürbar sind. Beiderseits der alten Bahntrasse entstand ein repräsentatives Zentrum des preußischen, nicht mehr dänischen Altona mit neuem Bahnhof, neuem Rathaus, Eisenbahndirektion, Luxushotel Kaiserhof und dem Altonaer Museum als geistigem Zentrum, deutliche Signale einer anderen, neuen Zeit. Schumachers Sternwarte war nach seinem Tod 1850 noch bis 1872 in Betrieb, das Gebäude stand bis 1941.

Am alten „Kaiserplatz" steht seit 1901 das Altonaer Museum. 2014

Zu Fuß auf Spurensuche

Anfangs standen wir noch auf dem Altonaer Balkon, das Elbtal vor uns, den zum neuen Rathaus recycelten, alten Bahnhof im Rücken. Wenn wir uns umdrehen und Richtung Norden schauen, beginnt links die Elbchaussee, die nach Westen führt, nach Klein Flottbek und Blankenese, zu den großen, neuklassizistischen Landhäusern und Villen in ihren Parks hoch über der Elbe. Hier am Anfang von ihr an der rechten Ecke stehen die in Reihe gebauten Mietshäuser des Hamburger Kaufmanns Hinrich Dultz (1797), unmittelbar an den Friedhof

Anfang der Flottbeker Chaussee / Elbchaussee zwischen Altona und Ottensen. 2014

Christianskirche (1735/38) mit Klopstocks Grab. 2014

Klopstocks Grabstätte, für ihn und seine Gattinnen, war, als eines der berühmten drei Gräber von Ottensen, im 19. Jh. eine herausragende Sehenswürdigkeit, die in keinem Reiseführer verschwiegen wurde und kurz vor den kulinarischen Köstlichkeiten bei Rainville auf dem Wege zur Aussicht über die Elbe lag. Dem Schöpfer des „Messias" und Wegbereiter der Klassik, sozusagen dem Dichterfürsten vor Goethe, konnte man hier selbst begegnen, ähnlich wie ihm zu Lebzeiten die Großen der Zeit bei der Durchreise in Hamburg ihre Aufwartung machten. Hier war er Mittelpunkt eines geistigen bzw. literarischen Zirkels, zu dem u. a. Matthias Claudius, Heinrich Voss (der

Homer-Übersetzer) und die Grafen Stolberg, auch der Buchhändler und Verleger Friedrich Perthes gehörten. Diesem durchgeistigten Kreis konnte es aber auch einfallen, nackt in den Eutiner Seen zu baden oder wie Klopstock auf der gefrorenen Alster „Schrittschuhe" zu laufen.

Klopstock starb am 14. März 1803 im damals beachtlichen Alter von 79 Jahren. Sein Leichenzug zwischen Hamburg und Altona zählte am 22. März 25 000 Menschen und 126 Wagen.

Von seinem Wohnsitz in Hamburg aus, wo er mit dem 20. Gesang sein Monumentalwerk nach 20 Jahren 1773 beendete, erwarb Klopstock zu Lebzeiten selbst diese Grabstelle am 20. Mai 1759 und bepflanzte sie mit zwei Linden, deren eine sich zur heutigen Prächtigkeit entwickelte. Drei

Portal Christianskirche. Monogramm König Christians VI.

Wochen später ließ er seine erste Gattin, Meta (Margareta), aus ihrem Grab in der Hamburger St.-Nicolai-Kirche hierher umbetten.

„Saat von Gott gesaeet dem Tage de Garben zu reifen.

Margareta Klopstock / erwartet da wo der Tod nicht ist / Ihren Freund ihren geliebten Mann / den sie so sehr liebt / und von dem sie so sehr geliebt wird / Aber hier aus diesem Grabe / wollen wir mit einander auferstehen / Du mein Klopstock und ich und unser Sohn / den ich Dir nicht gebaehren konnte / Betet den

F. G. Klopstock mit Lorbeer. Montage mit Porträtstich

an / der auch gestorben, begraben und auferstanden ist. / Sie ward gebohren den 16. Maerz 1728 verheirathet / den 10 Iunius 1754 und starb den 28 November 1758 / Ihr Sohn schlummert in ihrem Arme."

Ein weiterer Stein bezeichnet das Grab der zweiten Gattin, Johanna Elisabeth (1747–1821), Klopstocks „geliebte Gefährtin und Trösterin auf dem letzten Lebenswege".

Sie setzte auch des großen Dichters eigenen Stein. Die Inschrift verfasste Klopstocks Freund Graf Friedrich Leopold von Stolberg unter Verwendung von Zeilen der 12. Klopstock'schen Ode, „Der Abschied" (1748):

BEY SEINER META UND BEY SEINEM KINDE RUHET / FRIEDRICH GOTTLIEB KLOPSTOCK / ER WARD GEBOREN D: 2TEN JULY 1724 / ER STARB D: 14. MÄRZ 1803. / DEUTSCHE NAHET MIT EHRFURCHT UND MIT LIEBE / DER HÜLLE EURES GRÖSTEN DICHTERS. / NAHET IHR CHRISTEN MIT WEHMUTH UND MIT WONNE / DER RUHESTÄTE DES HEILIGEN SÄNGERS, / DESSEN GESANG, LEBEN UND TOD IESUM CHRISTUM PRIESS. / ER SANG DEN MENSCHEN MENSCHLICH DEN EWIGEN, / DEN MITTLER GOTTES. UNTEN AM THRONE LIEGT / SEIN GROSSER LOHN IHM, / EINE GOLDNE / HEILIGE SCHALE VOLL CHRISTENTHRÄNEN. / SEINE ZWEITE LIEBENDE UND GELIEBTE GATTIN / IOHANNA ELISABETH SETZTE DIESEN STEIN, / ANBETEND DEN DER FÜR UNS LEBTE, STARB, / BEGRABEN WARD UND AUFERSTAND.

der Christianskirche grenzend, deren Turm sich dahinter ausmachen lässt. Von dort klingt, wenn gerade Mittagszeit ist, das schöne Glockenspiel. Hier findet sich auch das berühmte Grab von Klopstock, des in Hamburg von königlich-dänischer Staatspension lebenden Verfassers des Messias, ein Opus, das ihn unsterblich gemacht hat, weil wohl kaum jemand zugeben mochte, es nicht gelesen zu haben. Rechts von uns, parallel zum Fluss verläuft eine weltberühmte Straße, die Palmaille mit einer schattenspendenden Allee von Platanen als Ersatz der ursprünglichen Linden und den erhaltenen neuklassizistischen Häusern des Architekten und holsteinischen Landesbaumeisters Christian Frederik Hansen, die besonders im Winter und Frühling durch die blattlosen Bäume als Ensemble und einzeln gut zu sehen sind und im morgendlichen Sonnenlicht von rechts eine bühnenhaft theatralische, geradezu übernatürliche Wirkung erlangen.

Palmaille. Relief der Spielbahn, um 1955

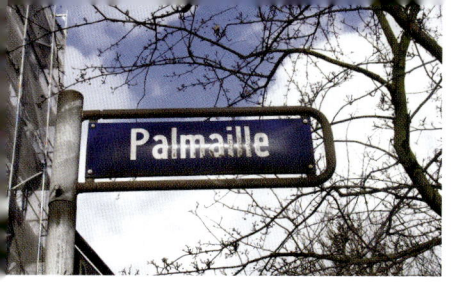

Die Palmaille war ursprünglich eine Ballspielbahn, 1638
angelegt vom Schauenbur-
ger Grafen (Otto VI.) für ein
modernes italienisches Spiel,
„palla a maglio", mit Holz-
keule und Holzkugeln, das
zahlungskräftige Hamburger
Kundschaft anlocken sollte,
die freilich ausblieb. Während die 647 m lange Sport-
anlage zerfiel, blieb die Allee
von 400 Bäumen, die nach einer entsprechend wirkungs-
vollen Bebauung geradezu
rief. Zunächst aber erkannte
Baumeister Stallknecht nach

Palmaille gegen Südost,
links: Bahnhof.
Lithografie: J. Gottheil, Ausschnitt

Palmaille gegen Osten. März 2014

dem Brand von 1713 deren städtebauliche Möglichkeiten und mit Oberpräsident Reventlow sorgte er 1717 für die Wiederherrichtung als öffentliche Lindenallee. Am Anfang der Straße kündet ein Figurenrelief vom einstigen Ballspiel und enträtselt den seltsamen Namen, den es aus gleichem Grund auch als „Pall Mall" gibt.
Trotz erheblicher Kriegsschäden und dem Verlust mehrerer Bauten ist der bestaunenswerte Rest einmalig in der baulichen Konsequenz eines Ensembles von

Einzelhäusern, die uns erscheinen wie aus einem Musterkatalog von architektonischen Varianten möglicher Kombinationen im Kanon neuklassizistischer Stilelemente. Teilweise baute Hansen sie für sich selbst, um sie als „Haus des Architekten" vorteilhaft weiterzuveräußern, teilweise sind sie dem sicheren Stilempfinden und der Finanzstärke eines geldschweren Großkaufmannes und

Rechts: Palmaille Nr.116.
Hansens Wohnhaus (1803/06). 2014

Unten: Palmaille Nordseite. März 2014

Christian F. Hansen. Montage mit Porträtlithografie

Der Sohn eines Schusters beginnt schon als 10-Jähriger 1766 eine Ausbildung an der Kopenhagener Kunstakademie. Seit 1770 lernt er in den Architekturklasse von Caspar Frederik Harsdorff, der ihn nachhaltig mit dem Prinzip der Reinheit einfacher Form beeinflusst und die antiken Säulen und Architekturordnungen vermittelt. Das Examen (große Silbermedaille) legt er schon 1775 als 19-Jähriger ab, die große goldene 1779, beide mit langen Reisestipendien in den Süden verbunden, die er ungewöhnlicherweise nicht antritt, um als Bauleiter (Bygningsconducteur) bei Harsdorff zu arbeiten. Die mehrjährige Reise nach Vicenza, Venedig und Rom wird durch königlichen Rückruf schon nach einem Jahr beendet, denn ihm war schon zuvor die bedeutende Stellung als Landesbaumeister von Holstein versprochen worden, die er 1783 mit Amtssitz in Altona antritt. Diese erstaunliche Karriere war nur mit königlicher Protektion möglich. Tatsächlich war Hansens Mutter die Amme des Königs gewesen.

Seltsamerweise bleiben öffentliche Bauvorhaben bis auf den Auftrag für das Waisenhaus (1792) aus, und mit inzwischen eigener Firma und günstigem Zugang zu Arbeitskräften und Material wird er zum beliebten Architekten der reichen Großkaufleute in Altona und Hamburg. Als Erstes entsteht für Johann Caesar IV. Godefroy eine Villa in Nienstedten (1789), und in der Folge eine ganze Rei-

he beachtlicher, z. T. bis heute erhaltener Landhäuser, die in großzügigen Landschaftsgärten in Elbnähe das neue Lebensgefühl einer Naturverbundenheit vermitteln sollen.
Seit 1800 entsteht das unvergleichliche Ensemble an der Palmaille, teils auf eigenen Grundstücken und für eigene Rechnung, teils im Auftrag für andere Bauherren, repräsentative Stadtpalais für reiche Bürger. Hansens eigenes Wohnhaus (Nr. 116) spiegelt mit dem Motiv eines tempelartigen Giebels im ersten Stock den Palazzo Cogollo, Palladios eigenes Wohnhaus, das Hansen in Vicenza selbst gesehen hatte.

Jess Bundsen: „Waisengrün",
Sammeltag an der Palmaille, um 1830

75

Christian F. Hansen: Palmaille Nr.118, für Salomon Dehn, 1803/04

1804 verlässt Hansen Altona, folgt dem Ruf nach Kopenhagen, wo er zusätzlich mit dem Baudirektorat für das Herzogtum Schleswig betraut wird. Er baut nun die berühmten öffentlichen Gebäude, die bis heute Kopenhagen prägen, zuerst ab 1805 das Rat-, Gerichts- und Arresthaus. Hansens organisatorisches Geschick und seine Fähigkeit zu ökonomischem Umgang mit vorhandenen Mitteln ist nach 1807 entscheidend gefordert, nachdem die Engländer die Stadt mit Raketen angegriffen haben und sich die gesamte dänische Flotte aneignen. Große Teile der inneren Stadt gehen im Bombardement unter. Hansen ist seit 1808 Oberbaudirektor im Königreich und Direktor der Kunstakademie. 1808 bis 1829 entsteht die Frue Kirke (der Kopenhagener Dom mit Thorvaldsens Skulpturen) aus den Ruinen neu. Denn die königliche Auflage ist, wenn möglich, auf den vorhandenen Fundamenten zu bauen, dazu gehören auch neue Mietshäuser für Handwerkerfamilien. All diese Vorhaben kann auch der Staatsbankrott von 1813/14 nicht zum Erliegen bringen. Hansen schafft weiter und gibt erst krankheitsbedingt mit 88 Jahren seine Ämter ab. 1845 stirbt er.

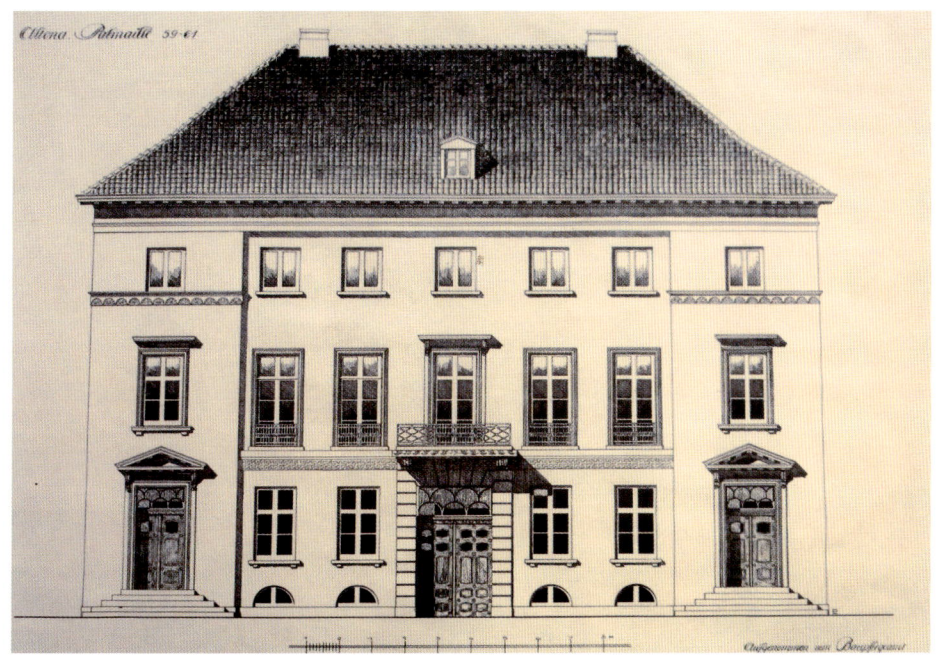

Christian F. Hansen: Stadtpalais für Georg F. Baur. Palmaille 49, 1801–1805.
Bauaufnahme W. Jackstein

Reeders geschuldet, Georg Friedrich Baur, der an der Südseite, zur Elbe hin, ein großzügiges, landhausartiges Palais errichten ließ und, nicht genug damit, die Nachbargrundstücke erwarb, um von Hansens Firma, durch Mathias Hansen (den Neffen des Landesbaumeisters), die Straßenfront mit weiteren Einzelhäusern bestücken zu lassen, um die Prachtstraße zu vervollständigen.

Baurs Haus. 2014

Wir machen an Baurs Haus vorbei einen Abstecher zur Flussseite hin, um die Elbfassade zu bestaunen, die sofort Hansens italieni-

Baurs Haus, Elbfront im Stile Palladios, 1801–05

sches Vorbild offenbart, Palladio. Hinter klassischer Säulenstellung liegt im ersten Stock der repräsentative Hauptraum, der dem Bauherrn erlaubte, seine Gäste und Geschäftspartner mit dem Elbblick zu entzücken, wenn auf dem Fluss passenderweise gerade Schiffe seiner Reederei vorbeifuhren, die ihn und seine Geschäftspartner mit der Welt und verlockenden, lohnenden Waren verbanden. Und die passierenden Schiffe konnten natürlich grüßend das dänische „Danebrog" wippen und hinaufzeigen auf das Palais ihres Handelsherrn. Solcher herrschaftlichen Kommunikation diente auch der „Kanonenberg", den Baur in seinem großen Landschaftspark östlich von Blankenese aufschütten ließ, um von dort mit Salut die eigenen Schiffe begrüßen zu können.

Denkmal der gefallenen Österreicher der Schlacht bei Helgoland, 1864. März 2014

Davor aber steht ein ganz exotisch anmutendes Denkmal, ein großer Granitstein mit bronzenen Applikationen zur Erinnerung an die Gefallenen der österreichischen (!) Flotte 1864 in der Schlacht vor Helgoland, wo die moderne dänische Dampffregatte „Jylland" sich siegreich behauptete und die österreichischen Schiffe in die Elbe vertrieb. Das Schiff hat für Dänemark eine ähnliche Bedeutung wie die „Victory" Nelsons für England und ankert, restauriert und besuchenswert, im Hafen von Ebeltoft (bei Aarhus, DK).

Zurück zur Palmaille. Die Prachtstraße war am östlichen Ende mit einer quergestellten Sichtbremse optisch abgeschlossen, just dort, wo die Straße steil Richtung Fischmarkt sich absenkt, dem Schauspielhaus, das nach 1869 abgerissen wurde, als dieser städtische Innenraum von Prachtstraße und Flaniermeile den neuen Anforderungen des zunehmenden Wagenverkehrs weichen musste. Hier können wir nach links in die Behnstraße abbiegen und nähern uns dem Kern des alten Altona. Carl Heinrich Kaspar Behn war seit 1838 Bürgermeister von Altona und konnte auf vielen Gebieten dessen Modernisierung durch-

setzen, besonders nach dem Tode des dänischen Generalbevollmächtigten, Oberpräsident von Blücher, 1845. Behn bewältigte die Errichtung von Bahnsystem und Bahnhof. Bis in die 1880-Jahre fußt die Stadtentwicklung auf seiner Planung von 1845/46.

Der Meridian von Altona, Behnstraße, Einstieg zur S-Bahn. März 2014

Rechts vor uns, mit orangefarbenen Fliesen geschmückt, befindet sich der Bahnhof Königstraße der S- Bahn, die von Altona nach Hamburg hier unterirdisch verläuft. Im Bürgersteig davor, meist verborgen unter Pfützen und Unrat, verläuft ein Messingstreifen, der den heutigen Buntmetalldieben noch nicht zum Opfer gefallen ist und mit seiner Inschrift verdeutlicht, dass es sich hier um die Sichtbarmachung des Unsichtbaren, des Meridians von Altona handelt, jenem, den Schumacher errechnet hatte, was eine kleine Bronzetafel an der Wand darüber zu erläutern sucht. 5 m davon entfernt ist ein kleiner erhöhter Rasenstreifen, der letzte

Grabstein des Astronomen
Heinrich Chr. Schumacher
(1780–1850)

Gymnasium Christianeum (Gottheil)

Direktor Jacob Struve fertigte 1826 nach der Matrikel des Christianeums für die ersten 87$^{1}/_{2}$ Jahre des Schulbetriebs eine Statistik über Eltern und Schüler an, um die Leistungsfähigkeit der Universitätsstufe „Selecta" nachzuweisen. Von 895 Selektanern waren die Väter: 249 Geistliche, 259 Zivilisten, 166 Bürger, 116 Kaufleute, 60 Edelleute, 45 Landleute.

In all diesen Jahren kamen nur 200 aus Altona, 312 waren einheimische Holsteiner, 180 Schleswiger, 39 aus Hamburg, Lübeck, Eutin, 29 Dänen und Norweger, 165 „Ausländer" (d. h. aus dem übrigen Deutschland). Herkunftsorte waren im Herzogtum Holstein: Altona, Glückstadt, Kiel, Meldorf, Plön, Rendsburg. Im Herzogtum Schleswig: Flensburg, Hadersleben, Husum, Schleswig. Stipendien sorgten für den Schulgang begabter Minderbemittelter. Auch Nichtchristen sind willkommen, so beachtlich viele jüdische Schüler.

(Nach: Chronik der Gelehrtenschulen vom Jahr 1830, Kiel 1860. Und: Jacob Struve, Berechnung und Angabe der Fequenz in Selecta …, Altona 1828)

Oben:
Gedenkmünze zur Schul-
gründung. Schulansicht und
Königsporträt Christians VI.,
1738

Jess Bundsen, 1795–1829
Zeichenlehrer am
Christianeum. Montage

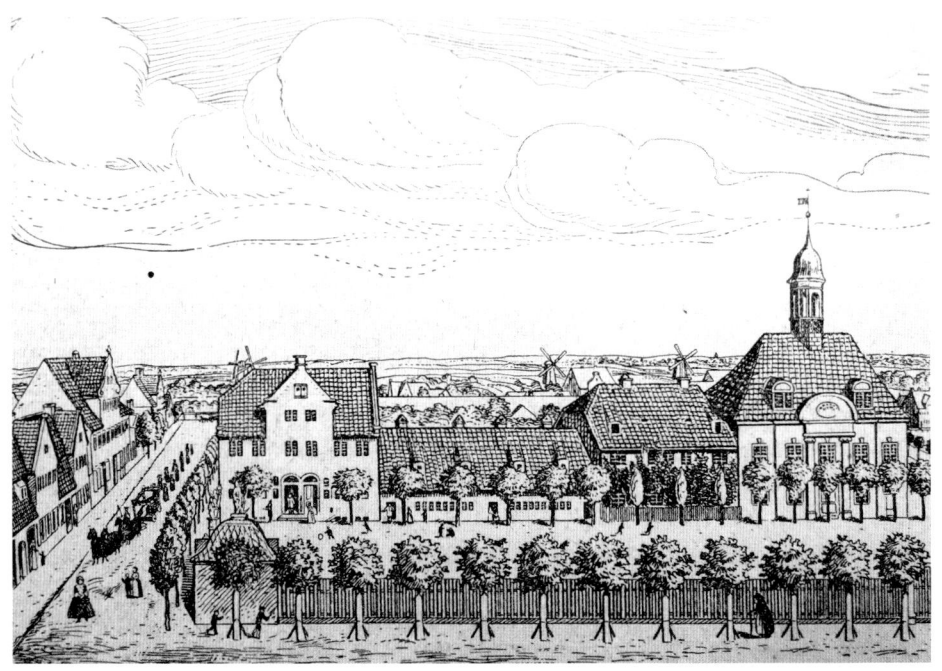

Stallknecht: Reventlow Stift mit Heilig Geist Kirche, 1713/15. Zeichng. Hermann Stühr, 1914

Rest des Heiliggeist-Friedhofs, dessen im Krieg ausgebombtes Kirchlein just dort lag, wo nun die Mietshäuser der 1950er-Jahre stehen. Hier am Ort seines Wirkens finden wir auch den Grabstein der letzten Ruhestätte des Astronomen und in seiner Nachbarschaft die Grabplatte des reichen Kaufmannes und Reeders Donner, dessen weltumfassender Handel mit vielen eigenen Schiffen vom Altonaer Hafen aus Fahrt aufgenommen hatte.

Im Park hinter Friedhof und S-Bahn-Halt lag in diesem Geviert zwischen Behn-, Königs- und Kleiner Mühlenstraße ehemals die menschenfreundliche, persönliche Stiftung des Grafen von Reventlow, das Heilig-Geist-Spital, ein Geviert von niedrigen Häusern mit Wohnungen für Alte und Gebrechliche, wie die zugehörige Kirche, 1713–1715 konstruiert von Stadtbaumeister Stallknecht, eine Art architektonischer Vorgeschmack auf das bald folgende Rathaus. An den Mietshäusern der 1950er-Jahre vorbei führt die Straße weiter nach Osten auf die Hauptkirche St. Trinitatis zu und vorher zum Christianeum, ebenfalls von Stallknecht, aber nach Erweiterungen abgerissen und schließlich, nach einer Zwischenstation, im Othmarscher Neubau Arne Jacobsens (1968/71) installiert. Wir finden hier nun vor Ort die sehr lebendige Stadtteilschule am Hafen.

Weiter geradeaus auf der Behnstraße, die ehemals wegen des Stiftes „Armenstraße" hieß, kommen wir zur quer verlaufenden Königstraße, die in preußischer Zeit die Rolle als wichtigste Einkaufsstraße von der Elbstraße am Altonaer Hafen übernommen hatte. Hier, am vormaligen Rande der alten Stadt zur Feldmark, gelangte man rechts

Heilig Geist.
Ruinen von 1943

Hauptkirche St. Trinitatis.
Aquarell W. Jackstein 1932

nach 1 km ins Hamburger Ge-
biet, mit der Pferdebahn, später
elektrischen Straßenbahn (der
alten Linien 4, 9, 15 und 29). Hier

St. Trinitatis. Alte Einrichtung
vor Zerstörung 1943

*Blick auf St. Trinitatis nach
Angriffen von 1943*

gab es seit wilhelminischer Zeit
vielgeschossige Mietsbauten mit
Geschäften aller Art, Sparkassen,
Cafés, Buchhandlung und neuem

*Blick auf St. Trinitatis nach
Wiederaufbau 1964–69. 2014*

Trinitatis. Neue Einrichtung Friedhelm Grundmann 1969. März 2014

Stadttheater. Auf halbem Wege erreicht man, nachdem man das bronzene Abbild des Altonaer Ehrenbürgers Bismarck passiert hat, der hier seit 1897 anderer Zeiten harrt, die Hauptkirche St. Trinitatis (1688/1743), wo Dr. Johann Friedrich Struensees Vater, Adam Struensee, seit 1757 als Hauptpastor wirkte. Der Krieg hatte nur den Turmstumpf und die Außenmauern übrig gelassen, die aus der Wüstenei rundum wie ein hohler Zahn herausragten. 1964–69 gelang den Architekten Friedhelm Grundmann und Horst Sandtmann die Wiederherstellung des äußeren, barocken Erscheinungsbildes, während die verlorene Innenausstattung eine schlichte, schöne, moderne Lösung fand.

Der Kirche gegenüber liegt das einzigartige Kulturdenkmal des jüdischen Friedhofes, neben der Palmaille wohl der eindrucksvollste Rest des alten Alto-

Vater des Arztes und Majestätsverbrechers

Dr. Adam Struensee, Theologe aus Halle, ein wortgewaltiger Prediger pietistischer Moral und Sittenstrenge, war 1757 als Hauptpastor an die Trinitatis-Kirche nach Altona berufen worden und hatte wohl seinem Sohn durch gute Verbindungen die Stellung als Stadtphysikus beschafft. Auf höhere Ämter der Kirchenhierarchie in die Herzogtümer zum Superin-

Adam Struensee. Montage mit Porträtstich

tendenten Holsteins berufen, verlässt er nach wenigen Jahren die Stadt. Die zum Hochverrat erklärte Reformtätigkeit seines Sohnes in Kopenhagen hat erstaunlicherweise weder staatliche noch kirchliche Stellen an seiner Integrität zweifeln lassen. Ein Brief an den Sohn in die Haft gipfelte im Satz: „Ach, wärst du doch ein Medicus geblieben!", der als deutsches Zitat noch vor einer Generation von gebildeten Dänen häufig als Redewendung benutzt wurde, in ähnlichem Sinn wie „Schuster, bleib bei deinen Leisten".

Trinitatis. Turmportal mit Königswappen. März 2014

89

Claus Stallknecht, Rathaus 1716/20.
Aquarell 1930, Modell 1953

na. 1611 hatten wohlhabende por-
tugiesische Juden vom Landesherrn, dem Grafen von Schauenburg, hier in der Feldmark Land für
einen Begräbnisplatz erworben.
Durch mutigen persönlichen Ein-
satz des Baupflegers Werner Jackstein und des Notars Hans W. Hertz

hat sich die Anlage als „wichtigstes Zeugnis hamburgischer Steinmetzkunst des 17. und 18. Jhs." über die Zerstörungswut der Nazizeit retten können, obwohl der Ostteil für die Aufstellung von Gefangenenbaracken abgeräumt worden ist. Etwas weiter, leicht bergab von der Geestkante hinunter, erblicken wir rechts eine Tankstelle, im Moment von Aral präsentiert. Hier lag das „neue", nach 1898 „alte" Rathaus am Rathausmarkt, Stallknechts Meisterwerk von 1716/ 1720 im Zuge des Wiederaufbaues nach dem Schwedenbrand, in den Bombennächten von 1943 völlig dem Erdboden gleichgemacht, auch mit den gut gemeinten heutigen Plänen zum Wiederaufbau unwiederbringlich verloren. Schauen wir von hier über die Schulter zurück, ahnen wir die eindrucksvolle Kulisse mit dem Turm der Hauptkirche im Hintergrund, das alte Altona, eine Stadt in wahrhaft überschaubarem Format. Dass diese begrenzte Fläche die Einwohner, deren Zahl nach dem Brand wieder gewachsen war, aufnehmen konnte, war nur einer verdichteten Bauweise der neuen Hauskonstruktionen zu verdanken, obwohl der Wiederaufbau fast immer den vorherigen, engen alten Straßenzügen folgte und die Chance einer großzügigeren, begradigten, zukunftsträchtigen Straßenstruktur verpasst hatte. Die erste Volkszählung von 1806 verzeichnete 23 099 Einwohner.

Gegenüber der Tankstelle liegen Mietshäuser aus den

Rathausmarkt an der Königstraße. April 2014

Der jüdische Friedhof von Altona

*Brunnenlöwe.
Rekonstruktion Farbe.
April 2013*

An der Königstraße in Altona liegt der älteste portugiesisch-jüdische Friedhof in Nordeuropa. Am 31. Mai 1611 erwerben die Kaufleute Andre Falero, Ruy Fernandes Cardoso und Álvaro Dinis vom Landesherren ein Gelände, um dort ihre Toten nach eigenem Ritus zu bestatten. Seit 1616 kaufen die „deutschen" bzw. aschkenasischen Juden benachbarte, mehrmals erweiterte Flächen für einen gesonderten eigenen Begräbnisort, der bis 1869 genutzt wird. Auf der heute noch fast 2 ha großen Gesamtanlage haben sich rund 5000 Grabsteine erhalten. Es finden sich die Steine der sefardischen Rabbiner David Cohen de Lara und Mose de Gideon Abudiente und der aschkenasischen Rabbiner Jonathan Eibeschütz und Jakob von

Emden, die bekanntermaßen im Leben einander und ihre Auslegung der Schriften nicht recht vertragen konnten, nun aber in ewiger Ruhe sich dicht beieinander befinden.

Wir entdecken auch die Steine traditionsreicher Familien, etwa die Arztdynastie de Castro. Rodri-

*Brunnenlöwe, 1736 Einweihung
der orig. Aufstellung, 2013*

go de Castro, seit 1592 in Hamburg, genoss als Gynäkologe und Epidemiologe weite Anerkennung, so war er u. a. Leibarzt des dänischen Königs und der Herzöge von Holstein und Mecklenburg.

Beeindruckend ist es auch, so einzigartige Persönlichkeiten hier zu finden wie Glückel von Hameln, die nach dem Todes ihres Mannes (1689), dem sie 14 Kinder geboren hatte, die Geschäfte weiterführte und in Jiddisch ihre Erinnerungen aufschreibt, die, später in viele Sprachen übersetzt, ein wichtiges Zeugnis über innerjüdische Geschichte in Hamburg darstellen.

Hier sind auch die Grabstätten der Familien Mendelsohn, Heine und Warburg.

2001 bis 2007 erfolgte im Auftrag der Stiftung Denkmalpflege die Erforschung der Inschriften und die Dokumentation der über 5000 Grabsteine.

2007 legte man den Grundstein für das neue Portal- und Seminargebäude, das Eduard Duckesz-Haus. Es ist auch Ausgangspunkt für den Besuch oder Führungen.

Adresse: Eduard Duckesz-Haus / Jüdischer Friedhof Altona, Königstr. 10 a, 22767 Hamburg.
Öffnungszeiten u. a. Sonntag 14–17 Uhr
(weitere: siehe Internet)

„Stolpersteine" für jüdische Menschen und Wohnorte. 2014

Das alte Altona vor der Zerstörung, Mosaik, 1960 errichtet. 2014

1960er-Jahren und am Giebel des linken ein Mosaik, das beansprucht, die Stimmung des verlorenen Rathausmarktes zu vermitteln.

Einige weitere Schritte noch und wir sind an Altonas östliches Ende gelangt, wo bereits die Hamburger Türme zu sehen sind. An der großen, quer laufenden Straße, die links Richtung Kiel, rechts zur Elbe führt, fällt die schräge Bauflucht der Häuser auf. Sie ist der alten Grenzlinie zu Hamburg geschuldet und ehemals durch die Pepermölenbek, die „Alte Au", bestimmt, die dem Krug den Namen gab. Hier an der Reeperbahn, nahe dem Ein- und Ausstieg zur untergründigen, gleichnamigen Haltestelle, erblicken wir direkt vor dem ehemaligen Eros-Center eine gusseiserne, schwarze Laterne, wenn wir uns nicht zuvor von den spaßigen, stählernen Konturfiguren der Beatles haben ablenken lassen, die hier 1962 im Star Club ihre Weltkarriere begannen, ein beliebtes Fotomotiv für alle Touristen. Aber dahinter, im allgemeinen Gewühl von Reklamen und chaotischer Stadtmöblierung, ebendiese Laterne, die nichts mehr oder weniger ist als die eine Seite des symbolischen Grenztores von Altona, und auf der anderen Straßenseite ein verloren gegangenes Pendant aufwies, 1848 wohl in der Carlshütte von Rendsburg gegossen. Der Denkmalverein hat mit 17 000 Euro eigener Mittel die Laternensäule 2013 aufwendig restaurieren lassen und vor dem Auseinanderbrechen bewahrt. Zu sehen sind das Stadtwappen und das Monogramm des dänischen Königs Christian VIII. Wir lesen „nobis bene" (daher Nobistor) mit der Fortsetzung auf der zweiten Säule: „nemini male", also, „Uns das Wohl, / niemandem ein Übel", eindrucksvoller kann mit einem einzigen Objekt Stadtgeschichte nicht sein!

Biegen wir die Straße nach links ab, sind wir auf der „Großen Freiheit", die heutzutage in der Abenddäm-

Grenzsäule am Nobistor.
Gusseisen, 19. Jh.

merung mit ihren
bunten Lichtrekla-
men bei leichtem Nie-
selregen ganz wört-
lich die bekannte
Amüsiermeile wider-
spiegelt, die man seit
Generationen erwar-
tet, hier zu finden.
Von den zahlreichen
Bauten der Zugewan-
derten von einst fin-
det man nach den Flä-
chenbombardements
von 1943 nichts außer
der aus Ruinen wie-
dererrichteten katho-
lischen Kirche St. Jo-
seph, die ihre Fassa-
de wirkungsvoll zwi-
schen den beglei-
tenden Pfarrhäusern
nach hinten zurück-
nimmt. Quer verläuft
nun die Simon-von-

St. Joseph. Aquarell
Werner Jackstein, 1932

Salomon Heines Stiftung, das Israelitische Krankenhaus 1839. April 2014

Utrecht-Straße, wo wir auf der Grenze zu Hamburg die berühmte Stiftung des jüdischen Bankiers Salomon Heine finden, das Israelitische Krankenhaus. Diesem Wohltäter der Stadt gewährte Hamburg zeitlebens kein Bürgerrecht. Von seinem Refugium an der Elbchaussee hat sich das kleine, klassizistische Gartenhaus erhalten.

Gehen wir dann entlang der schrägen Bauflucht Richtung Hafen, gelangen wir, vorbei an den pro-

Salomon Heine (Onkel von Heinrich Heine),
1767–1844. Montage

Altonaer Fischmarkt, Brunnen 1742/1989. März 2014

portionsgerechten Wohnbauten des Hexenberges, zum Altonaer Fischmarkt.
Die Hauptkirche liegt nun schräg hinter uns auf dem hohen Hang. Schließlich
stehen wir am eisernen Gitter oberhalb des überschaubaren alten Marktplat-
zes, der von hohen Mietshäusern eingerahmt wird. Quer fließt als hintere Be-
grenzung die Elbe an dieser niedrigsten Stelle Altonas, wo einst wohl Joachim
von der Lohe gelandet ist und zu allen Zeiten die Fischer ihre Boote beladen
und gelöscht haben. Hier konnte man noch in den 1970er-Jahren am Sonntag
Fisch direkt vom Kutter kaufen. Die Mitte der Marktfläche ziert ein Brunnen,

dessen ursprüngliche sandsteinerne Bassin-Wangen noch erhalten sind, geziert mit leidlich überlieferten Schmuckreliefs. 1742 hatte der „Brunnenverein" die Anlage errichtet, als Ersatz für ein hölzernes Wasserbassin, das zuvor zusammengefallen war. Die Mitte zeigte die plastische Figur der Minerva mit Schild und Speer sowie „eine kleine artige Fontaine". Auf den sechs Außenflächen befinden sich Blumenfestons bzw. Darstellungen von Amor und Psyche. Dieser Brunnen, einst von einem flachen Bassin umgeben, wurde mehrmals umgesetzt, und jedes Mal ging dabei etwas von ihm verloren. So 1864 zum Waisenhaus an der Königstraße, 1928 nur noch in Resten auf den Münzmarkt an der großen Johannisstraße, 1943 und nach dem Kriege abgebrochen, 1989 mit moderner Figur dem Fischmarkt zurückgegeben.

Fisch gibt es heutzutage auf diesem Markt nur als Klemmbelag von gespaltenen Brötchen oder in Gestalt geräucherter Aale, die als Schnäppchen von Marktschreiern der begeisterten Menge geschickt untergejubelt werden. Aber hier lässt sich auch ein lebendes Huhn für den Balkon erwerben oder vor Kurzem noch niedliche, gelbe Tagesküken, die gern von angeduselten Nachtbummlern auf der Krempe des Filzhu-

Fischmarkt, um 1850. Modell 1953

Stuhlmannbrunnen. Carl Türpe / Otto Bommer, 1896/1900

tes spazieren getragen wurden, als Herren in den 1950er-Jahren noch Hut tru-
gen. Weiße Mäuse und Bananen gibt es natürlich auch, obwohl die Attraktivi-
tät der Letzteren im heutigen Massenangebot etwas gelitten hat. Um $^1/_2$ 10
aber, pünktlich vor dem Kirchgang, ist der Zauber vorbei und die letzten Besu-

cher werden von mächtigen, wasserspritzenden Reinigungsmaschinen der Müllabfuhr verjagt. Die große Hafenstraße etwas weiter nach Westen hinunter, die Morgensonne im Rücken, kommen wir elbseitig zur imposanten Altonaer Fischauktionshalle, einer eisernen kathedralartigen Konstruktion von 1910, nach gelungener Restaurierung 1984 heute beliebte „Location" für kulinarische und musikalische Feste sowie Kulturveranstaltungen aller Art.

Die Fischereirechte auf der Elbe waren lange Zeit Anlass für einen Dauerstreit zwischen Altona und Hamburg. Vor allem gelangten die Anlandungen aus den Fängen in Nordsee und Elbmündung eher auf den Altonaer Markt als zum Hamburger Kunden. Eindrucksvoll ist dieser Zwist im „Stuhlmannbrunnen" dargestellt (1899/1900), als Kampf von Centauren um einen mächtigen, im Netz gefangenen Fisch, begleitet von Muschelhorn blasenden Nixen, aufgestellt vor dem Altonaer Bahnhof in der Achse des alten Gleisverlaufs der Altona-Kieler Eisenbahn.

Große Elbstraße, 1966 noch mit Bauten des 18. und 19. Jhs.

Die Elbstraße, einst wichtigste Handelsstraße Altonas, bis in wilhelminischer Zeit die Königstraße ihr den Rang ablief, hat sich seit wenigen Jahren von einer Schmuddelmeile mit Straßenstrich zur eindrucksvollen, hochpreisigen Elbrandmeile gemausert, mit beachtlicher moderner Architektur unter Einbeziehung vorhandener alter Bausubstanz. Standen in den 1950er-Jahren hier noch viele alte Häuser aus der dänischen Zeit, unter anderem Kolonialwarenläden mit erhaltenen, alten Fassaden, sind allerdings davon nur noch zwei Häuser übrig (eines davon, 1776 errichtet, ist Altonas ältester Profanbau) und eine der schrägen, gepflasterten Straßen, die dieses Unten von Altona mit den oberen Zonen verband.

Im Gegensatz zu Hamburg verfügte Altona über keinen natürlichen, geschützten Hafen. So hatte schon Graf Reventlow seit 1722 neben dem Landeplatz am Fischmarkt den Holz- (bzw. Neuehafen) als künstliches Becken anlegen lassen. Erweiterungen und Uferbefestigungen folgten, um Altonas wachsende Rolle als Liegeplatz auch für die Schiffe Hamburger Reeder zu erfüllen, die in zunehmendem Maße ihre Schiffe nach Dänemark ausflaggten, um der günstigeren Bedingungen teilhaftig zu werden.

Gr. Elbstraße 146/Sandberg. 1772 gebaut für den Kaufmann Samuel Julius. April 2014

Brigg Elisabeth, Altona.
Gebaut für Conrad Hinrich
Baur. Modell

Der im weiteren Straßenverlauf folgende Altonaer Fischereihafen erinnert heute wenig an den um 1900 größten Fischereihafen Deutschlands hier in Altona. Die niedrigen Gebäude rechts und links beherbergen Firmen für Im- und Export von Fischen und Meerestieren aller Art. Aus dem Anladehafen wurde eine wichtige Umladestation des Fisch-

Altona von der Elbseite.
Lithografie G. Fuhrmann

handels, für Ware, die nicht mehr im Schiff, sondern vor allem aus Dänemark mit dem Kühllaster eintrifft oder – als exotischere Ware – in Frostcontainern eingeflogen wird. Hier gibt es jedoch auch vorzügliche kleine Imbisse mit frisch zubereiteten Fischgerichten und auch das weitum bekannte Fischereihafen-Restaurant der Familie Kowalke. Die sehr holperige Straße besitzt noch das (unter Denkmalschutz gestellte) granitene Pflaster mit integrierten Schienen der einstigen Hafenbahn, und wenn wir gut zu Fuß sind (denn wir sind nun schon $2^1/_2$ bis 3 Stunden unterwegs), können wir nach weiteren 20 Minuten den Elbberg wieder hinan auf die Geest klettern, nämlich jene steile Straße, die einst die „schräge Ebene" für den Lastverkehr zum alten Altonaer Bahnhof war, und dann sind wir wieder auf dem Altonaer Balkon, wo sich in der Zwischenzeit höchstens das Wetter und die Stimmung der Fernsicht geändert haben werden.

Aber umrunden wir zum Abschluss unserer Fußreise durch Altona einmal den mächtigen weißen Block des neuen Rathauses von 1898, dessen südliche Fassade ja den alten Bahnhof enthält. Die Hauptfassade im Norden betont eine neuklassizistische Säulenstellung, deren Giebeldreieck figürliche Reliefs zieren, die Ernst Barlach als junger Bildhauer mitgestaltet hat: Altonas Patronin „Altonia" in Gestalt einer lang gewandeten Nike in seefahrtlicher Szenerie, die das Gemeinwesen symbolisiert.

Vor dem Rathaus aber eine mächtige, vielgestaltige Statuengruppe, das Kaiser-Wilhelm-Denkmal von 1898, aufgestellt zum 50. Jahrestag der Schleswig-Holsteinischen Erhebung, im Beisein der letzten greisen Veteranen und eingeweiht von Wilhelm II., dem Enkel des Dargestellten: Wilhelm I. hoch zu Ross nach Norden reitend, Richtung Holstein bzw. Jütland. Seinem Sockel wie eine Galionsfigur vorgesetzt ist der heldenhafte Siegfried, auf sein Schwert gestützt, den Lorbeer des Sieges hochhaltend (wird regelmäßig entwendet), die Garantie, dass unter kaiserlicher Macht und preußischen Waffen die beiden Damen zu des Re-

Neues Rathaus, 1896/98. Entwurf Stadtbauamt E. Brandt. 2014

cken Füßen ganz beruhigt sein können, dass niemand ihren Freundschaftsbund auseinanderzutreiben wagt: Schleswig und Holstein, die einander die Hände halten, zum unverbrüchlichen Bund, so wie es der dänische Throneid im Vertrag von Ripen 1460 versprach: „unde dat se bliven ewich tosamende ungedeelt", ein Schlagwort, das seit dem Sängerfest 1845 in Eckernförde als Motto eines vereinigten deutschen Schleswig-Holstein umgemünzt worden war.

Freilich ist dem freien Kaiserritt nach Norden seit 1989 ein sperrender schwarzer Riegel vorgesetzt, am Anfang dieser Startbahn auf dem alten Gleisgelände,

Kaiser-Wilhelm-Denkmal mit „Schleswig" u. „Holstein". Gustav Eberlein, 1897/98

die „black form" des Bildhauers Sol LeWitt, Erinnerung an die „missing Jews", die es nach der Nazibarbarei in dieser Stadt, ihrer neuen Heimat, wo sie so lange lebten und erfolgreich ihrer Tätigkeit nachgehen konnten, nicht mehr gibt und geben wird. Besser als dieses Nebeneinander der Gegensätze könnte man die Spannbreite Altonas nicht darstellen.

Dänische Sprache in Altona

Entgegen heutiger Auffassung von vielen dänischen Besuchern Altonas wurde dort nicht Dänisch gesprochen. In dieser holsteinischen Stadt sprach man Plattdeutsch, die Verwaltung hochdeutsch.

Am akademischen Gymnasium ist die Unterrichtssprache Deutsch. Dänisch war aber Teil des Lehrplans, eine der vielen vermittelten Sprachen: „Der Unterricht in der dänischen und englischen Sprache beginnt, nachdem in der lateinischen und französischen ein guter Grund gelegt ist". Das Gymnasium ist aber keine „deutsche" Schule, sondern eine dänische, der Krone unmittelbar unterstelllt. Auch der Hof sprach Deutsch, ebenso wie die gesamte Verwaltung in Kopenhagen und auch in Altona. Sprache und Nationalgefühl werden erst in der Nationalromantik des frühen 19. Jh. verbunden.

1848/1850 bekam das Verhältnis Altonas zu Dänemark eine entscheidende Scharte. Sie lässt sich dramatisch in den Altonaer Zeitungen verfolgen, wo mit Vaterland deutlich ein deutsches Schleswig- Holstein gemeint ist. Dort verfolgt man, auch in Gratis-Sonderausgaben, die langen Listen von Verwundeten, Gefangenen und Gefallenen, täglich auch neue Hilfsgesuche nach Verbandmaterial, Einladungen zu Benefizveranstaltungen usw. Die Schleswig-Holsteinische Erhebung war zwar aus den bürgerlichen Revolutionen von 1848 erklärbar, aber die Spannungen lagen untergründig schon immer in der seltsamen Konstruktion von Zugehörigkeit und Herrschaft, denn einerseits war der dänische König Landesherr in seiner Eigenschaft als Herzog von Holstein und Altona eine holsteinische Stadt, aber Holstein war gleichzeitig Mitglied des deutschen Bundes. Schleswig-Holsteins Freiheitskampf, ursprünglich wohl mit dem Ziel einer Selbstständigkeit und eigenem Staatsoberhaupt (dem Prinzen von Noer), wurde aus dänischer Sicht als Aufruhr gesehen, die Kämpfer als „Insurgenten", Agressoren des dänischen Reiches, was wiederum die Verteidigung zu einer national-dänischen Angelegenheit machte, wo erstmals die Truppen zu guten Teilen aus Freiwilligen aller Schichten bestanden, die als „tapfere Landsoldaten" gemeinsam ins Feld zogen, bis die Dänen vor Fredericia den „Treaarskrigen" (Dreijahreskrieg) siegreich für sich entscheiden konnten. Dänemark hatte neue, bürgerliche Helden, wovon die Statue des „tapferen Landsoldaten" vom Thorvaldsenschüler Bissen vor den Wällen Fredericias zeugt.

Altona hatte bei den Auseinandersetzungen deutlich seine gefühlte Zugehörigkeit gezeigt und damit wie die anderen Aufrührer die dänische Staatsmacht brüskiert und angegriffen. Beispielsweise kommen der universitären dänischen Eliteanstalt, dem Christianeum in Altona, viele der älteren Schüler abhanden, als Freiwillige der Erhebungsseite. Gymnasialdirektor Eggers ruft in Gedichtform zu den Waffen: „Der Däne pocht an Schleswig- Holsteins Pforte",

Als Verwundete von hier Gebürtigen werden genannt:

Lieutenant Gurlitt. Lieutenant Wegener.
1) Heinrich Brügmann, 2. Bat. 4. Comp.
2) Christian Hanitz, 2. B. 4. C. 3) Ludwig Schierbon, 8. B. 4. C. 4) H. A. Mattstedt, 14. B. 1. C. 5) H. Breckwoldt, Blankenese, 8. B. 3. C. 6) Peter Precht, 12. Bat. 2. C. 7) Aug. Röbben, 1. B. 3. C. 8) Joh. J. Schlüter, 15. B. 4. C. 9) Joh. Herm. Ahrens, Othmarschen, 15. B. 4. C. 10) Johann Anton Scharf, Ottensen, 8. B. 3. C., Gefr. 11) Heinr. Chr. Reimers, Klein=Flottbeck, 8. B. 4. Comp. 12) Barthold Kistenmacher, Hornist, Langenfelde, 13 B. 4. C. 13) Carl Schlichting, 5. B. 4. C. 14) S. Polack, Hamburg, 3. J.=C. 3. C. 14)

und im März spricht er vor den Lehrerkollegen, „daß die Zahl unserer Primaner in dieser bewegten Zeit täglich abnimmt …".

So führt Dänemark 1853 eine neue Zollordnung ein und stellt Altona jenseits der dänischen Zolllinie, das nun gemeinsam mit Hamburg Zollausland ist.

Zwischen Altona und Ottensen verläuft jetzt eine Zollgrenze, wo Altonaer Waren, wie andere ausländische, verzollt werden und nach Wegfall der vorherigen Privilegien in harte Konkurrenz mit denen anderer Herstellerländer geraten. Das Gebäude der Zollstation, an der Elbchaussee gegenüber der Christianskirche, ist noch heute erhalten.

Die internationalen Mächte legen 1852 Dänemark nahe, den Status von Schleswig und Holstein in der bisherigen Konstruktion unverändert und beisammen zu lassen, woran sich die starken nationaldänischen Kräfte aber auf Dauer nicht halten und 1863 die Herzogtümer ihrem Reichsgebiet einverleiben, als König Christian IX. das „Grundloven" (Grundgesetz) unterzeichnet und von den Beamten einen Treueeid verlangt. Der Deutsche Bund lässt daraufhin 1863, am 24. Dezember, 12 000 Mann in Altona einrücken und die dänische Verwal-

tung entfernen. Eine der letzten Spuren ist das offizielle Schild der königlich-dänischen Poststation, zugleich auch einer der ersten Gegenstände, die als vaterländisch wichtige Relikte im 1863 neu gegründeten Museum Altonas landen und sich in dessen Erbe, dem Altonaer Museum, bis heute erhalten haben. So schließt sich der Kreis zwischen dem Gestern und Heute.

Das dänische Grundgesetz und der damit verbundene internationale Vertragsbruch liefern Bismarck die offizielle Begründung für militärische Gegenmaßnahmen, 1864 den schleswig-holsteinischen Brüdern zur Hilfe zu eilen, was letztlich vor den Düppeler Schanzen für Dä-

Palmaille 112. Christian F. Hansen, 1797. 1863–1901 „Öffentliches Museum". 2014

nemark in einer Katastrophe endet und am Vorabend der Reichsgründung wirksam die Bedeutung Preußens als starke, moderne Industrienation und schlagkräftige Militärmacht demonstriert.

Letztes dänisches Postkontor

Bundestruppen als Bahnfracht von Altona nach Norden

Inhalt

Umschlaggestaltung unter Verwendung von Motiven aus dem Buch
Vorsatz: „Altonia"-Kolossalgemälde von Otto Markus, 1899/1900
für das „Neue Rathaus"(AM)
Nachsatz: Altona und Ottensen. Plan von C. L. B. Mirbach, 1802 (nach Pieper)

Bibliografische Information der Deutschen Nationalbibliothek

Die Deutsche Nationalbibliothek verzeichnet diese Publikation in der Deutschen
Nationalbibliografie; detaillierte bibliografische Daten sind im Internet
über http://dnb.dnb.de abrufbar.

Herausgegeben von Dr. Torkild Hinrichsen für FAM, den Verein der Freunde des
Altonaer Museums, als Handreichung zum Jubiläumsjahr der königlich dänischen
Stadtrechte (1664/2014)

Abbildungen

Fotos: Torkild Hinrichsen
Historische Abbildungen und Objekte, Altonaer Museum (AM): S. 2, 8, 10, 14, 16 o., 19, 27,
32, 33, 35, 37, 38, 39, 40, 44, 45, 46, 52 o., 56, 57, 58, 71, 75, 77, 82, 83 u., 85, 86, 87 o., 90, 96,
99, 104, 110, 112, 114 o., 118
Historische Abbildungen und Objekte, Sammlung Hinrichsen: S. 6, 11, 23, 24, 29, 30, 31, 34,
36, 41, 43, 49, 52 u., 54, 55, 60, 61, 62, 68, 74, 83 u., 84, 89 o., 97, 102, 114 u.
Montagen und Arrangements: Torkild Hinrichsen

© 2014 by Husum Druck- und Verlagsgesellschaft mbH u. Co. KG,
   Husum

Gesamtherstellung: Husum Druck- undVerlagsgesellschaft
Postfach 1480, D-25804 Husum – www.verlagsgruppe.de
ISBN 978-3-89876-758-3

Johann Peter Nissen

Kleines Hamburg-ABC

Fotografien von Günter Pump

141 Seiten, zahlreiche farbige Abbildungen, gebunden

ISBN 978-3-89876-268-7

Von den „Pfeffersäcken" bis zu den Auswanderern, vom Fischmarkt über Hagenbeck bis Fuhlsbüttel, von der High Society in Blankenese bis zur Sex-Show auf St. Pauli spannt sich der Bogen des Hamburg-ABC. Als schnelles Nachschlagewerk und als kleines Hamburg-Lesebuch in einem erläutert es Wissenswertes aus den Themenbereichen Museen, Stadtteile, Hafen, Parks und Gärten, Kultur und Theater, Kirchen, Museen und Wirtschaft. Von A wie Alster bis Z wie Zeitungen sind alle wichtigen und interessanten Informationen über die Stadt und ihre Bewohner in diesem handlichen Band vereint – ein echtes Stück Hamburg für zu Hause.

Husum Verlag

Verlagsgruppe Husum · Postfach 1480 · 25804 Husum
www.verlagsgruppe.de